잠재의식을
내 편으로 만드는 기술

잠재의식을
내 편으로
만드는 기술

노진섭 **지음**

매일경제신문사

들어가는 글

박정희 대통령 시절 중동의 달러를 벌어들이기 위해 정부 관계자들을 중동으로 파견을 보내 현지 답사를 했다. 돌아와서 보고하기를 "각하, 날씨가 너무 더워서 일을 할 수가 없습니다. 그리고 물이 부족해서 공사를 도저히 할 수 없습니다"라고 보고했다. 박정희 대통령은 현대 정주영 회장을 불렀고 그를 중동으로 파견 보냈다.

정주영 회장이 현지 답사를 하고 돌아와서 보고하기를 "중동의 공사는 하늘이 우리에게 준 기회입니다. 우선 비가 안 와서 일 년 내내 공사를 할 수 있어서 좋습니다. 그리고 주변에 모래가 많아서 현지조달을 할 수 있어서 정말 좋습니다. 또 날씨가 무더운 것은 천막을 치고 낮에는 휴식을 취하고 시원한 야간에 일하면 됩니다. 가장 중요한 물 해결은 바닷물을 정수해서 사용하면 됩니다" 하고 박정희 대통령께 보고했다. 박정희 대통령은 중동 건설에 필요한 모든 것을 지원하라고 지시를 내렸다. 고 정주영 회장의 긍정적인 의식이 오늘날 현대그룹을 세계의 초일류 대기업으로 만들었다.

어떤 일이 우리에게 주어졌을 때 단점을 보는 사람이 있고, 반대로 장점을 찾는 사람들이 있다. 《잠재의식을 내 편으로 만드는 기술》은 '현재의식'이 긍정적인 의식으로 개혁하고 성장해 잠재의식에게 내 '꿈과 상상력'을 저축해 '성공과 풍요' 그리고 '행복'을 누리게 하는 것이다.

잠재의식을 느끼고 텔레파시가 통해 내 꿈이 이뤄지는 성취를 보는 즐거움은 행복하고 즐겁다. 긍정적으로 생각하고 상상하면 잠재의식은 꿈의 열매를 만들어준다. 긍정적인 의식을 소유하면 잠재의식을 내 편으로 만들 수 있다. '성공과 풍요'는 긍정적인 생각의 결과물이다. 즉, 내 생각의 창조물이다. 우리는 이렇게 능력 있는 사람이다.

일 년 동안 내 삶의 발전이 없다면 그것이 나의 현주소다. 이때는 문제가 심각하다고 인식하고 생각을 바꾸고 현재의식을 개혁해야 한다. 여러분이 성공하지 못했거나 부자가 아니라면 여러분의 현재 생각이 쓸모없는 것이라 여기고 바꿔야 한다.

《잠재의식을 내 편으로 만드는 기술》은 여러분의 부정적인 생각, 부정적인 말, 부정적인 행동, 부정적인 습관을 버리고, 잠재의식에 긍정적인 생각, 긍정적인 말, 긍정적인 행동, 긍정적인 습관을 저축하는 방법을 알려준다. 이를 통해 성공과 풍요를 누리는 삶으로 인도하고자 한다.

잠재의식이 내 꿈과 버킷리스트를 진실이라고 믿는 순간, 잠재의식은 수단과 방법을 가리지 않고 어떻게든 그것이 나의 현실에 나타날 수 있도록 환경을 만든다. 그리고 마침내 꿈을 이뤄준다.

《잠재의식을 내 편으로 만드는 기술》은 여러분을 운이 좋은 사람으로 만들어줄 것이다. 여러분은 운이 좋은 행복한 사람이다. 여러분은 엄청난 창조 능력을 갖춘 사람이다. 여러분의 잠재의식 안에는 금광이 있다. 그 금광이 여러분을 기다리고 있다. 잠재의식은 여러분에게 기회를 주고 성공과 풍요를 주기 위해 기다리고 있다. 그 문을 여는 열쇠는 여러분의 '실천하는 긍정적인 의식'이다.

나는 여러분이 아침에 일어났을 때, 행복하고 기쁘고 즐거운 가운데 하루를 시작하는 꿈의 사람으로 만들고 싶다. 아침이 기다려지고, 일하는 것이 즐겁고, 사람 만나는 것이 즐거운, 에너지 넘치는 행복한 사람, 즉 '내 삶을 내가 주인이 돼 이끌어가는 사람'으로 변화되기를 기쁜 마음으로 잠재의식에 소원한다.

☞☞《잠재의식을 내 편으로 만드는 기술》은 나이와 상관없이 온 가족이 편하게 읽을 수 있다. 그리고 책을 펼쳐서 아무 곳에 들어가서 즐겁게 뛰어놀면 된다.

목차

1장

잠재의식이란
무엇일까?

잠재의식
너 누구냐?

저녁 7시 20분 열차는 철커덩 철커덩 바퀴 소리를 내면서 천천히 달리기 시작한다. 열차 안에서는 기관사의 안내방송이 나오고 있다. "승객 여러분 안녕하십니까? 이 열차는 부산진역에서 7시 20분에 출발해 종착지인 용산역에 새벽 5시에 도착하는 비둘기호입니다. 승객 여러분께서는 이용하시는 데 착오가 없으시기를 바랍니다."

맙소사! 지금의 이 기억은 45년 전 초등학교 5학년 때 내가 밤 열차를 타고 서울로 가출하던 당시의 기억이다. 참으로 놀라운 일이다. 내가 45년 전 일을 기억하고 있다니. 그런데 이 사건을 기억하고 보니 더 자세한 기억도 딸려 나온다.

어두운 새벽에 용산역에 도착했는데 막상 갈 곳이 없었다. 어디로 가야 할지 몰라 역 안에서 서성이고 있는데 40대로 보이는 남성이 가까이 다가왔다. 그는 "어디서 왔니? 어디로 갈 거니? 밥은 먹었니?"라고 친절하게 물어왔다.

지금 나는 그때의 가출 사건을 통해서 '잠재의식'을 설명하고 있다. 그렇다. 45년 전에 저지른 그 일을 기억하고 있는 것이 '잠재의식'이다. 그리고 낯선 아저씨를 따라 어디로 갔는지, 어떤 일이 있었는지 기억하고 있는 것도 '잠재의식'이다. 나의 전 인생에 걸쳐 일어난 모든 경험이 '잠재의식'에 저장돼있다.

'잠재의식'의 기억 저장경로는 이렇다. 즉, '잠재의식'이 기억하고 받아들이는 것은 외부 세상의 모든 것이 아니다. 내게 일어난 사건을 내가 진실이라고 느낄 때, 잠재의식의 내면으로 들어가서 기억되는 것이다. 내가 듣고 보고 경험한 사실만 잠재의식 속에 받아들이는 것이다. 좋은 일이든 나쁜 일이든 상관하지 않고 '잠재의식'은 내가 보고 듣고 경험한 사실만 기억한다. '잠재의식'이 좋은 일만 기억하면 좋은데 생각하기 싫은 끔찍한 일도 함께 기억한다.

'잠재의식'은 어떤 일이 '선'인지 '악'인지 구분하지 못한다. 오감을 통해서 경험한 일들에 대한 기억만 저장한다. '잠재의식'은 유년 시절의 이야기를 더 잘 기억한다. 그 이유는 유년 시절에는 자신이 겪은 경험이나 이야기를 순수하게 사실로 믿어버리기 때문이다. 그래서 유년 시절의 가정불화, 극심한 가난, 가정폭력은 '잠재의식' 한곳에서 상처로 남는다. 내가 가출 사건을 지금도 생생하게 기억하는 것은 유년 시절의 기억이기 때문이다. 아무튼 '잠재의식'은 우리가 경험한 모든 것을 기억한다.

《서울대학교 교육연구소 교육학 용어사전》에서는 '잠재의식'을 이렇게 정의한다. '어떤 경험을 의식적으로 한 후, 그 경험과 관련된 사물, 사건, 사람, 동기 등과 같은 것이 일시적으로 기억, 감지되지는 못하고 있으나 그것이 필요하면 다시 기억 재생할 수 있는 상태'라고 말이다. 그렇다. 내가 '잠재의식'에 과거의 어느 한 시점의 사건을 재생하라고 명령하면 잠재의식은 그것이 불편한 진실이라도 내게 펼쳐서 보여준다.

그런데 이런 '잠재의식'에는 없어서는 안 될 소중한 친구가 있다. 바로 '현재의식'이다. 나를 오감과 이성을 통해 느끼는 '나'라고 인식하는 것이 '현재의식'이다. '잠재의식'이 우리의 내면에 잠들어 있다면 '현재의식'은 깨어서 나의 외부, 즉 바깥세상을 인식하는 의식이다. 우리는 두 가지 의식을 장착하고 있는 셈이다. 잠재의식의 세계가 내 팔이 2개, 발이 2개, 눈이 2개인 것을 알고 인정하는 것처럼, '잠재의식'이 '현재의식'의 존재를 인정하고 온전하게 받아들일 때, 우리는 두 의식의 능력을 더 많이 활용할 수 있다.

'나는 부산에서 살고 있다', '나는 아파서 병원에 있다', '나는 일하고 있다', '나는 쇼핑하고 있다', '나는 맛있는 음식을 먹고 있다' 이처럼 현재의 모습을 '나'라고 느끼는 것이 '현재의식'과 비슷한 이미지다. '현재

의식'은 '나'와 같으므로 내 의식의 주체라고 할 수 있다. 그런 '현재의
식'이 인식하는 것은 외부 세상이다. 우리가 말하는 '세상', 즉 현실 세
계다. '현재의식'은 '오감(시각, 청각, 후각, 미각, 촉각)'과 '이성(사물을 옳게 판단
하고 선악을 식별하는 능력)'으로 외부 세상을 인식한다.

'날씨가 춥다. 덥다. 흐리다', '점심에 먹은 육개장은 매웠다', '이 집
커피는 향이 진하다', '마트에 사람이 많다', '옷이 이쁘다' 이런 것들을
인식하는 것은 '오감'의 영역이다.

'운동을 많이 해서 몸살이 났다. 다음에는 운동을 적당히 해야겠다',
'새벽까지 친구하고 놀다가 회사에 출근하지 못했다. 다음에는 적당히
놀아야겠다', '당장 필요 없는 쇼핑을 너무 많이 했다. 다음에는 꼭 필
요한 쇼핑만 해야겠다'라고 인식하는 것은 '이성'의 영역이다.

'현재의식'은 이렇게 '오감과 이성'을 통해 세상을 인식한다. 그리고
'오감과 이성'을 '나'라고 생각한다. 그런데 '나'는 '잠재의식과 현재의
식'이 하나가 될 때 비로소 '나'가 된다. 그런데 '잠재의식'은 내면에 잠
겨 있다. 그래서 '현재의식'은 자신만 '나'라는 주체라 인식한다.

'잠재의식과 현재의식'의 각각의 기능을 알고 이해하는 것이 삶의
비밀이자 성공의 비밀이다. 이 비밀을 알고 깨닫고 두 의식이 서로 협
력하면 변덕스럽고 불확실한 세상의 힘에 좌우되지 않고 미래를 설계
하고 통제할 수 있다.

다시 과거로 가출했을 당시로 돌아가보자. 나는 40대 아저씨의 친

절함에 이끌려 그를 따라갔다. 그런데 그곳은 서울역 맞은편의 양동이라는, 윤락업소가 많은 곳이었다. 내가 도착한 곳은 아주 작은 방이었는데 이미 그곳에는 5명의 가출 청소년이 묵고 있었다.

아저씨는 "잠시 쉬고 있어, 조금 있다 올게~" 하고 가셨다. 그러곤 한 시간쯤 지난 새벽 8시쯤 우리 일행을 데리고 남대문 시장으로 갔다. 내가 생전 처음 새벽 인력 시장을 경험하는 순간이었다. 어디서 다 왔는지 이미 그곳에는 많은 사람이 일감을 찾아 몰려 들어와 있었다. 알고 보니 그곳은 주로 식당에서 사람들을 모집하러 오는 곳이었다. 갈빗집, 중국집, 분식집, 양식집, 일식집 등에서 사람을 구하러 온 것이다.

아저씨는 내게 식당 사장님이 오시면, "저 일 잘해요, 데려가시면 열심히 하겠습니다" 이렇게 말하라고 가르쳐주셨다. 나는 과연 어디로 가게 될까?

나는 지금 45년 전 내 '잠재의식' 안의 기억을 영상으로 만들어서 보고 있다. 그리고 글로 표현하고 있다. 내 잠재의식 안에 잠들어 있던 45년 전의 가출 사건의 기억이, 현재의식이 '잠재의식'에 명령함으로써 되살려지고 있는 셈이다. 이런 '잠재의식' 안의 기억은 변하지 않는다. 진실만을 보여준다. 그리고 '잠재의식'은 '가출 사건'이 내게 좋은 기억인지 나쁜 기억인지 따지지 않는다. 단지 있는 그대로를 보여 줄 뿐이다.

사람들 대부분은 '현재의식'으로 살아간다. '잠재의식'으로 살아가는 사람은 아주 적다. 그러나 '현재의식'을 만든 것은 '잠재의식'이다. '잠재의식'은 우주라고 할 수 있다. 우주, 즉 마음이다. 마음은 '원자'의 생명이다. 모든 '원자'는 더 많은 일을 하려고 끊임없이 노력한다. 다시 증거 하자면 '잠재의식'에는 창조의 힘이 있다. 창조된 목적을 이루고자 쉬지 않고 일하는 것이다.

'잠재의식', 너 누구냐를 정리해보자. '잠재의식'은 나의 전 삶을 기억하고 있다. '잠재의식'은 선과 악을 구분하지 못한다. '잠재의식'의 기억은 변하지 않는다. '잠재의식'은 진실만을 보여준다. '잠재의식'의 친구는 '현재의식'이다. '잠재의식'은 우주, 즉 마음이다. '잠재의식'에는 창조의 힘이 있다. 하지만 이것으로 잠재의식을 다 설명할 수는 없다. 하지만 이것만 제대로 이해하고 마음으로 받아들이면, 우리는 행복하고 건강하게 성공한 삶을 살아갈 수 있다.

"우리의 꿈은 이뤄지기 위해서 있는 것이다."

잠재의식의
특징은 무엇일까?

　나는 영동의 ○○회관으로 팔려 갔다. ○○회관은 소문난 갈빗집으로 손님이 많았다. 아침 8시에 일어나서 각종 채소를 다듬고 청소도 하고 나면 10시 30분이었다. 이 시간은 우리가 아침 식사를 하는 시간이었다. 종업원 30명이 다 모이는 시간이었다. 그 자리에서 사장님은 종업원들에게 나를 소개했다. 아직 어리니까 아들처럼, 동생처럼 잘 보살펴 주라시면서…. 그렇게 갈빗집에서 나의 첫 요리 인생이 시작됐다.

　내가 처음으로 식당에서 한 일은 설거지였다. 이전에는 설거지가 그렇게 힘든 줄 몰랐다. 점심시간이 되면 그릇이 산더미처럼 쌓여 씻어도 씻어도 끝이 없었다. 손은 퉁퉁 붓고 물집이 생겨서 몹시 따가웠다. 갈비를 굽는 고기 불판은 철 솔로 문질러도 잘 닦이지 않았다. 하루하루가 힘들고 고통스러웠다. 그럼에도 불구하고 참 즐거웠던 추억은, 서빙하는 이모들이 나 먹으라고 챙겨 주는 갈비를 먹는 순간이었다. 너무 맛있어서 아직도 그 맛을 잊을 수 없을 정도다.

나는 요리의 기본이 되는 채소 다듬기, 양념의 종류는 어떤 것이 있는지, 반찬은 어떻게 만들어지는지, 잡일을 하고 심부름하면서 자연스럽게 습득하게 됐다. 가끔 서빙하는 이모들은 손님들이 추가로 주문하는 갈비는 나보고 가져오라고 했다. 그 이유는 "어이구, 우리 착한 막내 수고 많다~"라고 칭찬하면서, 돈 많은 손님에게 "우리 막내에게 용돈 좀 주세요" 하면 손님들이 내게 1,000원, 때론 5,000원을 용돈으로 주셨기 때문이다.

당시 내 한 달 월급이 3만 원이었던 걸 고려하면 내게는 큰돈이었다. 나는 이모들이 참 고마웠다. 지금 생각해보니 고향에 두고 온 동생 같고 아들 같아서 보살펴 준 것 같다. 내 잠재의식에 저장된 이런 기억이 당시에는 힘들었는데 지금은 참 좋다.

잠재의식의 특징은 내가 원하는 기억 속으로 간다는 점이다. 그리고 더 깊은 기억에 다가갈 수도 있다는 점이다. 일단 기억하고 싶은 것, 그리고 그것이 무엇인지에만 집중해야 한다. 과거의 기억을 불러올 때는 다른 생각은 해서는 안 된다. 잠재의식 사용 방법을 아는 사람들은 그동안 찾지 못했던 인생의 목적을 발견하게 되거나, 목표 의식을 갖게 될 것이다. 더 나아가 자신을 부족한 존재로 여기지 않고 하나님께서 지으신 완벽한 존재라는 것을 점차로 깨닫게 될 것이다.

우리는 잠재의식을 사용하는 방법을 매일 매 순간 훈련해야 한다. 그렇게 잠재의식의 진리를 찾고 발견함으로써 우리는 인생의 목적을 찾게 될 것이고 성공의식을 갖게 될 것이다. 우리는 잠재의식 가운데 매일 성장하는 과정에 있다. 이 성장 과정은 우리가 이 땅에서의 삶을 마쳐도 계속해서 이어진다고 생각해야 한다. 이 중요한 사실을 인정하는 사람과 인정하지 못하는 사람의 삶은 완전히 다른 결과를 보이게 된다. 인정하는 사람은 윤택하고 풍성하며 행복한 삶을 살 것이다. 대신 인정하지 못하는 사람은 메마르고 빈곤하며, 진정한 행복을 경험하지 못하는 삶을 살게 되는 것이다.

잠재의식이 높게 성장하는 사람일수록 삶의 행복지수가 높고, 성공의 속도가 빠르다. 원하는 것은 무엇이든 될 수 있고 할 수 있고 가질 수 있다. 따라서 우리는 잠재의식 속의 생각을 의식적으로 느낄 수 있는 훈련을 해야 한다. 다음은 잠재의식의 훈련 방법의 예다.

잠재의식은 현실과 상상을 구분하지 못한다. 그래서 잠재의식이 현재의식을 이기는 방법은 긍정의 상상을 시각화함으로써 현실로 이뤄진다고 강력하게 상상해야 한다. 예를 들면, 제주도 여행을 가고 싶다면 제주도 가는 비행기 사진과 제주도의 유명 관광지 사진을 눈에 잘 띄는 곳에 붙여둔다. 그러곤 나는 이미 제주도에 가서 여행을 즐기고 있다고 상상하는 것이다. 현실은 여행을 갈 수 없는 상황이지만, 강력한 긍정의 상상을 통하면 잠재의식이 제주도로 갈 수 있는 환경을 만들어주는 것이다.

여기서 주의해야 할 점은 '나는 갈 수 없어. 돈이 없어. 시간 있고 돈 있는 여유로운 사람만 제주도 여행을 갈 수 있어'라고 부정적으로 생각하는 것이다. 그 순간 잠재의식은 나의 상황을 여행을 갈 수 없는 환경으로 만들어버린다.

잠재의식은 사진과 같은 이미지 언어를 좋아한다. 예를 들어, 내가 50평 아파트를 가지고 싶어 한다고 하자. 그러면 내가 살고 싶은 브랜드의 아파트에 가서 몇 층에 살고 싶은지 생각하고 정남향의 그 아파트 사진을 찍는다. 그리고 살고 싶은 층수를 표시하고 사진을 인쇄해서 집안 곳곳에 붙인다. 냉장고, TV, 컴퓨터, 차량 등에 말이다. 그리고 그것을 지갑에도 넣고 다닌다. 그 사진을 볼 때마다 마치 그곳에서 사는 양 강력하게 상상해야 한다. 내 상상이 절실하고 간절하면 할수록 잠재의식은 이를 사실로 받아들이고 50평 아파트로 갈 수 있는 환경을 만들어준다.

잠재의식은 시간 개념이 없다. 현재의식은 과거, 현재, 미래를 구분하지만, 잠재의식은 구분하지 않는다. 즉, 시공간을 초월해서 잠재의식은 우리의 삶을 기억한다. 이것이 우리에게 좋은 이유는 잠재의식 속의 즐겁고 행복했던 삶, 감동적이었던 삶, 성공적이었던 삶의 기억을 현재의식에 가지고 와서 행복하고 성공적인 이미지를 시각화할 수 있다는 점이다. 이렇게 되면 행복한 긍정이 분출되고 삶은 윤택해진다.

잠재의식의 능력은 현재의식의 능력보다 크다. 예를 들면, 바다라는 물탱크에 꼭지를 돌려서 바닷물을 사용하면 얼마나 오랫동안 사용할 수 있을까? 몇천 년을 사용해도 다 사용하지 못할 것이다. 하지만 나는 그것보다 훨씬 더 크다고 생각한다. 한마디로 무한대로 크다고 생각한다.

우리가 잠재의식의 능력을 현재로 가져오는 의식훈련을 해야 하는 이유다. 그렇게 함으로써 잠재의식 안에 있는 부와 건강, 행복을 현재로 가져올 수 있기 때문이다. 잠재의식 안에 있는 능력과 지혜는 우리가 죽는 그 순간까지도 다 사용할 수 없다. 영원히 마르지 않는 생명수와 같은 셈이다.

우리의 삶의 모든 것이 잠재의식과 연결돼있다. 현재의식의 이성과 오감이 연결돼있어서 우리는 24시간 동안 계속해서 잠재의식의 영향을 받는다. 그래서 우리의 감정과 욕구도 잠재의식의 영역 안에 있다. 따라서 우리는 현재의식의 영역 안에서의 긍정적인 생각과 부정적인 생각의 감정싸움에서, 긍정적인 생각에 동기를 부여함으로써 부정적인 생각을 이겨야 한다. 우리가 무의식적으로 반복해서 부정적인 습관대로 한다면 잠재의식은 그 습관을 허용하기 때문이다.

예를 들면, 밤늦게 치킨을 반복해서 먹는 습관, 반복해서 폭력을 행사하는 습관, 상대방의 말은 경청하지 않고 자기 말만 하는 습관 등이 있다. 이런 잘못된 습관들을 가진 사람은 의식 성장을 이루지 못한다. 이런 사람들은 의식을 교정해서 잘못된 습관을 계속해서 버려야 한다. 우리가 잠재의식의 특징을 완벽하게 다 이해할 수는 없다. 하지만 이러한 방법으로 계속 수정해 나갈 때 잠재의식은 내 편이 되고, 내가 상상한 일들이 현재에 이뤄질 수 있다.

그러려면 내 생각을 의식적으로 느끼는 훈련을 해야 한다. 명확한 생각을 의도적으로 선택해서 창조해야 한다. 우리는 생각의 창조자로서 다양한 경험을 해봐야 한다. 평소에 내 생각이 어디에 가 있는지 의식해야 한다. 내 생각이 있는 바로 그곳이 현실에 나타나기 때문이다. 현재 내가 무언가를 갖고 싶다면 그저 원하는 것에만 생각을 두면 된다. 이때 원하는 것에만 시선을 두고 다른 대상에는 시선을 둬서는 안 된다.

원하는 것이든 원하지 않는 것이든 우리는 생각하는 그것을 얻게 된다. 생가은 오래 할수록 좋다. 하지만 실패와 가난, 불행을 떠올려선 안 된다. 한곳에 생각을 집중하는 것은 원하는 것을 가져오는 행위이기 때문이다.

삶이란 각자의 생각이 그대로 잠재의식에 반영돼 현실에 나타난 것이다. 창조 과정은 생각과 말, 행동으로 이뤄진다. 이때 내 생각이 창조의 시작이다. 그리고 창조 과정에는 온전한 믿음이 전제돼야 한다.

'네빌 고다드'와 같은 잠재의식의 대가들은 자기 생각을 통제하는 법을 알고 있다. 그러므로 수시로 자기 생각을 점검하고 통제해야 한다. 내가 창조한 생각을 상상하는 긍정적인 의식을 훈련해야 한다. 그리고 결과에 대해 부정적인 생각들이 든다면 다시 생각해야 한다. 긍정적인 동기부여를 계속해서 내가 창조한 생각의 결과를 얻어내야 한다.

"나는 성공의 문을 여는
긍정의 마스터키를 가지고 있다."

잠재의식은 좋은 것,
나쁜 것을 구분하지 못한다

　북한에서 탈출한 사람들이 대한민국에 정착하면서 겪는 에피소드는 다양하다. 그중 화장실 이야기가 있다. 그들은 화장실에 가서 볼일을 보고는 화장지를 둘둘 말아서 호주머니나 가방에 숨겨서 가지고 나온다. 북한에서는 귀한 화장지가 한국에서는 흔할뿐더러 지키는 사람이 없으니까 현재의식이 '무조건 챙겨라'라고 명령하는 것이다. 북한에서는 생필품이 귀하니까 탈북자들은 필요한 것이 눈앞에 있으면 습관적으로 가지고 가는 것이다.

　그런데 이 모습을 지켜보고 있는 잠재의식은 이것이 나쁜 행동인지, 좋은 행동인지 구분하지 못한다. 잠재의식 속에 그대로 받아들일 뿐이다. 잠재의식은 선과 악, 옳고 그름, 선한 양심, 나쁜 양심을 판단하지 못한다. 그렇다고 해서 악을, 그름을, 나쁜 양심을 잠재의식에 기억시키면 안 된다. 우리는 항상 잠재의식 기억 안에 선을 심어야 한다. 올바른 행동, 선한 양심을 행한 경험을 잠재의식에 기억시켜야 한다. 이렇게 하는 이유는 우리의 삶이 윤택하고 풍성해지기 때문이다. 우리가 잠재의식을 적극적으로 활용해야 하는 이유다. 잠재의식 능력을 많이 발굴하는 사람일수록 더 크게 성공할 수 있다.

예를 들어, 삽으로 구덩이를 파는 것과 포클레인으로 구덩이를 파는 것을 비교해보자, 이때 포클레인은 사람 50명이 감당할 일을 혼자 감당하게 된다. 즉, 잠재의식의 사용법을 많이 아는 사람이 포클레인으로 일을 효율적으로 처리하는 셈이다.

또 다른 예를 들어보자. 부산에서 제주도까지 가려면 비행기로도 갈 수 있고 배로도 갈 수 있다. 여러분은 무엇을 타고 갈 것인가? 나는 비행기를 타고 갈 것이다. 왜냐하면, 시간을 절약할 수 있기 때문이다. 그 시간에 또 다른 일을 할 수 있기 때문이다.

나는 부산에서 제주도로 가는 여객선(배)을 탄 적이 있다. 오후 5시에 출발해, 다음 날 새벽 5시에 도착하는 여객선이었다. 사람도 태우고 트럭, 자가용, 각종 화물도 싣고 제주도로 가는 여객선이었다. 나는 돈이 생기면 여행 다니는 것을 좋아해서 무작정 제주도로 가는 중이었다. 이때도 가족에게 알리지 않고 당돌하게 제주도로 가고 있었다. 당시 나는 열여섯 살이었다.

배 안에는 구경할 것이 많았다. 배 1층에는 승객들이 앉아서 가는 좌석이 있고, 2층에는 침대칸이 있었다. 1층과 2층에는 관광객과 신혼

여행을 가는 사람들이 많았다. 그리고 배 아래는 서민들, 수학여행을 가는 학생들, 대학생들이 타고 있었다. 더 아래층은 각종 차량과 화물들을 싣고 있었다.

배 이곳저곳을 구경하던 중 나는 뱃멀미를 하기 시작했다. 뱃멀미가 점점 심해져서 화장실로 가서 토를 했다. 구토를 진정시켜 보려고 갑판에 나가서 찬 바람도 쐬었지만 소용없었다. 이날 나는 멀미를 심하게 하면 속에서 똥물도 올라온다는 것을 경험했다. 정신이 혼미해지고 몸에는 힘이 없고 기분은 몹시 불쾌했다. 나는 '부모님 말씀을 안 듣고 가출해서 벌 받느라 그렇구나'라고 생각했다. 결국 나는 탈진해 쓰러져 잠들었다.

이런 경험을 하기 싫다면 나는 여러분들이 비행기를 타고 제주도로 갈 것을 추천한다. 그래도 배를 타고 싶다면 한 번쯤은 타 보는 것도 좋을 것 같다. 제주도를 향해 가면서 경험할 수 있는 밤바다와 바다에 비추는 밝은 둥근달, 배에 부딪히는 파도 소리. 이런 것들은 한 번쯤 경험해볼 만하다.

이렇게 잠재의식 기억 안에 있는 '한 시점 한 장면'에는 좋은 기억과 나쁜 기억을 구분하지 않는 '이중성'이 있다. 다시 말하면 잠재의식은 보이는 상황 그대로 다 수용해서 기억하는 것이다. 따라서 잠재의식에 "좋은 것만 기억해"라고 명령할 수 없다는 것이다. 그래서 잠재의식은 좋은 것, 나쁜 것을 구분하지 못하는 것이다.

우리는 잠재의식 기억 속에 언제나 밝고 긍정적인 말을 심어야 한다. 잠재의식은 우리의 말이나 행동을 일단 받아들이고 나면 좋은 것이든 나쁜 것이든 그것을 꼭 이뤄내는 특징이 있기 때문이다. 그래서 긍정적인 말을 자주 하면 자신도 모르게 긍정적인 사람으로 변화돼간다. 그러다 문득 우리는 긍정적이고 매력적이고 행복해진 자신을 발견하게 된다. 무심코 던지는 한마디 말이나 마음가짐, 행동에도 세심한 주의를 기울여야 하는 이유다.

잠재의식과 현재의식은 거대한 빙산에 비유할 수 있다. 빙산은 약 10% 정도만 수면 위에 있고 나머지 90%는 수면 아래에 잠겨 있다. 나는 여러분의 이해를 돕고자 이렇게 비유하고 싶다. 현재의식은 지구이고 잠재의식은 우주라고 비유하면, 잠재의식을 이해하는 데 더 도움이 될 것 같다. 똑같은 병이 있는데, 물을 담으면 물병, 콜라를 담으면 콜라병, 사이다를 담으면 사이다병, 구정물을 담으면 구정물 병이 된다. 무엇을 담느냐에 따라서 그 쓰임새가 달라지는 셈이다.

이처럼 잠재의식도 내가 매일 습관적으로 반복하는 현재의식, 즉 '오감과 이성' 이미지에 따라서 현실을 창조하게 된다. 우리는 이 점을 깨닫고 느껴야 한다. 그 이유는 나의 삶이 내 생각으로 만들어진다는 것을 알게 돼 내가 원하는 더 풍요로운 삶을 위해 노력하기 때문이다. 내가 바라는 이미지를 매일 규칙적으로 생각하면 거기에서 부와 성공이 일궈지기 시작한다. 또한 그것을 조금도 의심하지 말고 믿어야 한다.

앞에서 언급한 탈북자의 예를 보면, 탈북자들은 탈북 전에 화장지가 보이면 의식할 틈도 없이 몸이 먼저 반응해 숨겨서 가지고 갔었다. 왜냐하면, 잠재의식 안에 '화장지는 항상 필요한 것이다'라고 각인돼 있었기 때문이다. 그 잠재의식이 한국에 정착해서도 자신도 모르게 드러나는 것이다.

잠재의식은 내가 필요한 것은 꼭 기억해서 이뤄내고야 만다. 그래서 매일 규칙적으로 반복하고 이미지화해서 간절하게 믿으면 이뤄진다. 이때 잠재의식은 목표를 위해 필요한 사람들을 찾고 주위의 환경을 바꿔준다. 사람들이 말하는 행운과 기적이 계속해서 일어나는 것이다. 잠재의식의 능력을 경험하지 못한 사람들은 행운이 우연이라고 말한다. 하지만 이것은 지금도 존재하고 이뤄지는 자연의 법칙과도 같다.

성공하고 싶다면, 행복해지고 싶다면, 건강해지고 싶다면, 우리의 인생, 성격, 생활 습관 등 모든 것을 바꿔야 한다. 그리고 그것들을 바꾸려면 잠재의식이 어떻게 작동하는지 알아야 한다. 그 핵심은 잠재의식 안에 있는 아이디어를 찾는 것이다. 우리의 인생을 바꾸려면 아이디어가 필요하다. 아이디어로 바꿀 수 없는 것은 없다. 돈과 부를 창출할 수 있는 아이디어가 부족한 것이 문제지, 돈이 부족한 것이 아니다. 아이디어를 얻으려면 끊임없는 공부와 동기부여 그리고 의식개혁이 필요하다. 그렇다면 어디서 배울 것인가? 책과 성공한 부자들에게서 배워야 한다.

브렌든 버처드, 찰스 헤넬, 스티브 잡스, 워런 버핏, 김승호 회장, '한책협'의 김태광 대표 등, 성공한 부자들의 이야기를 들으면 행운과 기적이 그들에게는 너무 흔하게 일어난다. 남들에게는 평생에 한 번 있을 법한 일이 성공한 부자들에게는 훨씬 많이 일어난다. 우리와 달라서가 아니다. 그들은 더 많이 노력하고 연구하기 때문이다. 그에 비해 평범한 우리는 부자가 되기를 원하고 성공을 원하지만 나하고는 상관없는 일로 생각해 버린다. 그리고 그들을 공격하고 욕하고 질투하며 자신을 위로한다.

만약 내가 돈이 없고, 학벌도 없고, 힘 있는 배경이 없다면 우리는 잠재의식을 연구하고 활용하는 방법을 이미 성공을 이룬 최고수에게 배워야 한다. 그리고 믿음에 따라 행동해야 한다. 그 이유는 그들은 이미 수많은 실패를 통해 성공했기 때문이다. 그들을 따라 하는 것이 실패를 줄이고, 시간을 버는 방법이기 때문이다. 곧 성공으로 가는 지름길이기 때문이다.

현재의식은 말한다. 혼자 하면 편하다고. 결과는 가난하게 살 뿐이다. 그렇지만 잠재의식은 말한다. 나와 함께하면 부자가 된다고. 여러분은 끊임없이 동기부여하고 생각을 교정해서, 가깝지만 먼 이웃사촌인 현재의식과 잠재의식이 조화롭게 협력하는 관계로 만들어야 한다. 이것이 '잠재의식을 내 편으로 만드는 기술'이다. 우리는 이 기술을 계속해서 배울 것이다.

"내가 가지고 있는 상상력은
나만 가지고 있는 특허권이다."

잠재의식은 좋은 것, 나쁜 것을
여과 없이 받아들인다

깍쟁이나 구두쇠 심보를 잠재의식에게 기억되게 해서는 안 된다. 예를 들어 재래시장이나 상점, 노점상에서 물건을 살 때 지나치게 많이 깎는 사람들이 있다. 물건값이 20,000원인데 15,000원에 달라고 한다. 이 말은 상인들이 가져오는 가격에 자기한테 팔라는 것이다. 이 사람들이 자주 하는 말은 "딴 곳에서는 그렇게 파는데" 하면서 그렇게 팔라는 것이다. 상인들은 스트레스가 확 올라온다. 짜증이 확 난다. "조금만 깎아주세요", "2,000원만 깎아주세요, 3,000원만 깎아주세요"는 괜찮다.

상식 밖의 행동을 하고 자기가 똑똑한 줄 아는 사람들이다. 이런 사람들은 잠재의식에서 바라보면 절대로 부자가 못될 사람들이다. 잠재의식은 이 상황을 있는 그대로 다 받아들인다. 잠재의식은 '나는 항상 물건을 지독하게 깎는 사람이다'라고 기억하는 것이다. 다음에도 상대방은 생각도 안 하고 습관처럼 가격을 인정사정없이 깎는다. 하지만 현재의식은 '잘 깎았어, 아껴야 잘 살지, 흥정에 성공하니까 기분 좋지?' 한다. 그러나 잠재의식은 구두쇠로 나를 기억 속에 저장해버린다.

물건을 판 상인들은 그 사람이 가고 나면 욕한다. "저 인간은 오기만 하면 거저 가지고 가려고 하네, 얼마나 부자로 살려고 저러고 다니는지"라며 '쯧쯧' 하고 혀를 찬다. "다음에 물건 파나 봐라!" 한마디로 저주를 한다.

이 저주는 내 잠재의식에 그대로 기억된다. 우리는 알아야 한다. 내 잠재의식이 상대방의 잠재의식과 협력하는 능력이 있다는 사실을 알아야 한다. 이렇게 구두쇠처럼 하고 다니면 상대방이 나를 칭찬해 줄수가 없다. 결국 내 잠재의식은 이 일을 옳은지 그른지 판단하지 못하기 때문에 그대로 기억해버린다. 이렇게 되면 잠재의식은 같은 상황이 생기면 똑같이 재현하게 된다. 이런 기억들이 계속 쌓인다고 생각해보라. 이런 사람들은 복도 멀어지고 성공도 멀어진다.

자. 반대로 물건을 구매해보자. "사장님, 기분 좋을 만큼만 깎아주세요", "사장님~ 18,000원밖에 없는데 혹시 주실 수 있으세요?" 사장님 입장에서는 기분이 나쁘지 않다. 왠지 팔고 싶다. 이윤이 많지는 않지만 남기 때문에 팔 수밖에 없다. 이런 사람들은 가고 난 후에도 욕이나 저주를 하지 않는다. 현명한 사람들이다. 잠재의식이 그대로 기억

해도 괜찮다.

그런데 더 좋은 방법이 있다. 우리가 물건을 구매할 때, 깎지 않고 그대로 지급을 다 하면 정말 좋다. 물건을 깎지 않고 사서 가면, 그 사장님은 "와! 재수 좋다. 오늘 운수 대통이다", "저 사람 정말 멋있는 사람이다. 저 사람은 복 받을 사람이다" 하고 가게 사장님이 칭찬한다. 이 방법이 정말 중요하다.

나는 가게 사장님 말대로 재수가 좋은 사람이고, 운수가 대통한 사람이고, 멋있는 사람이고, 복 받을 사람이 된 것이다. 가게 사장님이 칭찬하고, 내 복을 빌어준다는 것이다. 이것이 중요하다는 것이다. 잠재의식은 이 모습을 그대로 받아들여서 기억해버리는 것이다. 이러한 기억들이 잠재의식에 많이 쌓이면 잠재의식은 다음에도 습관처럼 상대방이 나의 복을 빌어주는 사람에게 인도하는 것이다. 더 좋은 방법은 물건 판매하는 분들에게 고맙다고 커피 한잔 사드리면 감동하신다. "세상에 이렇게 고마울 수가! 고마워요. 감사합니다"라고 하면 나는 감동을 주는 사람이 되는 것이다.

나는 지금 잠재의식에게 무엇을 심어야 하는지 말하고 있다. 비록 내가 억척스럽게 깎지는 못 했지만, 상대방이 나의 복을 빌어주는 씨앗을 잠재의식에게 심은 것이다. 내가 돈 5,000원은 못 깎았지만, 잠재의식이 내게 주는 계산법은 상상할 수 없을 만큼 크다는 것을 항상 기억해야 한다. 내가 만나는 사람이 나를 칭찬하고 복을 빌어줘야 한다. 나의 사소한 칭찬 한마디, 양보하기, 위로하기 등 남이 나의 복을 빌어주는 사건을 나의 삶 속에서 계속해서 만들어야 한다. 이런 사람은 잠재의식이 결국에는 성공한 사람으로 만들어버리는 것이다.

잠재의식은 '선풍기'와 같고 현재의식은 '동작 버튼'과 같다. '동작 버튼'을 작동하면 바람이 나온다. 깨끗한 공기가 있으면 깨끗한 바람이 나오고, 나쁜 공기가 있으면 나쁜 바람이 나오게 된다. 우리의 잠재의식도 선풍기와 비슷해서 잠재의식 기억 안에 있는 것을 계속 밖으로 내보낸다. 잠재의식 안에 사랑과 행복이 가득하다면 사랑과 행복이 선풍기를 통해 외부로 나온다. 만약 잠재의식 안에 원망과 불평 분노가 가득하다면 원망과 불평 분노가 선풍기를 통해 외부로 나오는 것이다. 이 때문에 우리는 잠재의식 기억 안에 복된 일을 계속 저장해야만 하는 이유다. 잠재의식 기억 안에 어떤 자아 관념이 있든, 선풍기를 통해서 외부로 나온다.

내가 세상의 모든 것이 두렵다고 숨어 산다면 세상이 정말 무서워진다. 잠재의식은 이것을 그대로 받아들이고 세상이 두렵고 무서운 것으로 기억해버린다. 이것은 잠재의식의 기억 안에 있는 내 모습으로 각인 돼 버린다. 누군가 숨어 사는 나를 세상 밖으로 불러내면 나는 세상이 무섭고 두려운 상태로 세상 밖으로 나오게 된다. 있는 그대로 위축된 모습으로 세상에 나오는 것이다.

잠재의식 기억 안에 원하지 않는 기억은, 즉 선풍기 안에 있는 나쁜 공기 밖으로 나오지 않도록 '작동 버튼'을 작동하지 말아야 한다. 그런데 '선풍기'가 나쁜 공기를 계속해서 밖으로 나오지 않게 '작동 버튼'을 계속 멈추게 하는 것은 불가능한 일이다. 기억 속에 있는 것은 언젠가는 밖으로 나오기 때문이다.

내 잠재의식에 맑은 공기가 가득 들어 있다면 선풍기를 작동시켜서 시원한 바람을 누리기만 하면 된다. 그래서 우리의 삶을 내가 만나는 사람이 내게 복과 행운과 칭찬을 빌어주는 삶을 만들어서 잠재의식에 기억시켜야 한다.

어떤 사람이 죄를 짓고 재판을 받는데, 판사가 이 사람 사정이 딱해 형량을 5년에서 3년으로 낮춰주려고 이 사람의 선한 업적을 찾으려고 과거 행적을 조사했다. 그런데 전과가 9범이고 세상을 악하게만 살아와서 형량을 낮춰주지 못했다. 잠재의식 안에 죄만 가득 들어 있다면, 결국에는 뿌린 대로 거두게 되는 것이다.

잠재의식의 에너지는 감정이다. 내가 정말 미워하는 사람이 있다. '이 사람은 꼭 실패하고 망했으면 좋겠어'라고 감정을 주입하면 상대에게는 큰 영향을 미치지 못하지만 나는 상대방 실패의 이미지를 떠올리게 돼서 정작 영향을 받는 사람은 상대보다도 내가 된다. 사람을 축복하는 일, 사람을 저주하는 일은 자기 자신에게 먼저 영향을 미치게 된다는 사실을 잊지 말아야 한다.

스위스 심리학자 '카를 융'은 한 개인의 잠재의식은 다른 사람의 잠재의식과 서로 깊은 연관성을 가지고 있다고 말했다. 나의 잠재의식은 다른 사람의 잠재의식과 깊게 연결돼있다. 따라서 나의 강한 신념은 주변에 영향을 미친다. 즉, '네빌 고다드'의 스승 '압둘라'가 '네빌 고다드'와 '조셉 머피'에게 엄청난 영향을 미친 것처럼, 영적으로 예민한 사람은 상대방의 마음을 쉽게 꿰뚫어 본다. 잠재의식의 교류가 일어난 것이다. 우리의 현재의식은 느끼지 못하지만, 잠재의식은 모든 사람과 교류하고 있다. 따라서 잠재의식을 내 편으로 만들려면 항상 기억해야 할 중요한 핵심이다.

"훌륭한 잠재의식이 성공한 나를 만든다."

잠재의식은
초대형 슈퍼컴퓨터보다 크다

슈퍼컴퓨터(Supercomputer)는 계산 속도가 매우 빠르고 많은 자료를 오랜 시간 동안 꾸준히 처리한다. 즉, 최상급 처리 능력(연산속도)을 보유한 고성능 컴퓨터를 말한다. 2019년 말 기준으로 세계에서 가장 뛰어난 슈퍼컴퓨터는 미국 IBM의 서밋(Summit)이며, 연산속도는 1초에 20경 2,000조 번 계산이 가능하다. 실로 말로는 표현 안 되는 엄청난 속도다. 2022년 현재는 더 많이 발전했을 것이다. 우리나라에서는 네이버나 쿠팡이 사용하는 슈퍼컴퓨터는 서밋에 한참 못 미치는 슈퍼컴퓨터로 생각하면 된다.

슈퍼컴퓨터도 크지만, 우리의 잠재의식이 우주라고 생각하면, 슈퍼컴퓨터는 아주 작게 보인다. 우리는 자부심과 믿음을 가져야 한다. 내가 우주를 가진 어마어마한 사람이라는 것을 자랑스럽게 생각해야 한다.

그리고 내가 먼저 잠재의식의 무한한 능력을 진심으로 믿어야 한다.

　우리는 잠재의식이 인식하고 있는 것들을 외부의 세상으로 나타내는 중이다. 그렇다면 왜! 어떻게! 잠재의식을 나타낼 것인가? 세상에 노예가 돼서 속박 속에서 살 것인가? 자유롭게 주인이 돼서 살 것인가? 이 선택은 오직 내가 할 수 있다. 잠재의식이 주는 생명의 진리는 내게 자유를 줄 수도 있고 속박을 줄 수도 있다. 내 잠재의식 끝과 시작에는 하나님께서 계시기 때문이다. 내 잠재의식 안에 하나님께서 계시다.고 진정으로 믿으면 '나와 나의 하나님은 하나다'를 느낄 수 있다.
　만약 이것을 믿지 못하면, 또 다른 방법으로는 '오감과 이성'인 현재의식이 주는 잠재의식을 가지고, 내가 원하는 잠재의식의 상태까지 노력해서 만들어 내는 결과로 살 수도 있다.

　잠재의식과 현재의식이 의견대립이 생긴다면 잠재의식이 자기의 의견을 주장해서 나간다. 이 주장은 잠재의식 안에 '하나님이 계신다는 믿음' 안에서다. 이 주장을 받아들이지 않는다면 현재의식이 이길 수도 있다. 그런데 여기서 문제점은 현재의식이 오감과 이성을 가지고 삶을 주도한다는 것이다. 이렇게 해서 얻어지는 결과물은 아주 적다.
　나는 낚시가 취미라 가끔 진해에 가서 배낚시를 한다. 문어를 잡는 낚싯배, 갈치를 잡는 낚싯배, 감성돔을 잡는 낚싯배, 종류도 다양하다. 요즘 낚싯배는 참 편리하다. 밥도 제공해주고 잡은 고기 '회'로도 요리해서 제공해준다.

저녁 6시에 진해 속천항에서 갈치잡이 배를 타고 갈치가 있는 포인트로 한 시간 정도 이동한다. 파도를 가르는 물보라와 말로는 표현할 수 없는 노을빛 황혼을 맞이하게 된다. 또한 상쾌한 바람을 온몸으로 누리는 행복은 배를 타 본 사람만 느낄 수 있다. 낚시 포인트에 도착하면 낚시꾼들은 일제히 낚시에 꽁치 먹이를 달고 바다에 던진다.

잠시 후에 히트하고 소리를 내면서 갈치를 잡아 올린다. 갈치가 모습을 드러내는 순간 갈치의 반짝이는 자태에 홀딱 반한다. 갈치 머리에서 꼬리까지 웨이브로 내려오는 은색 광채 지느러미는 보는 것만으로도 스트레스가 다 사라진다. 배 곳곳에서 '히트'하는 소리가 울려 퍼진다.

갈치와 밀당하면서 낚시에 푹 빠져 있을 때, 선장님이 "식사하세요" 하는 소리에 낚시 객들은 식사하기 시작한다. 식탁 위에는 진수성찬이 차려져 있다. 그리고 내가 좋아하는 갈치회도 준비돼있다. 보는 것만으로 입안에는 이미 침이 가득하다. 밤바람을 맞으면서 선상에서 먹는 식사와 갈치회는 행복이고 기쁨이다. 갈치를 잡다가 보면 고등어도 잡히고 생각지도 못한 다른 고기도 잡히기도 한다. 또 다른 뜻밖의 소득이다.

우리의 잠재의식은 바다와도 같다. 내가 생각하지도 못한 것을 선물로 준다. 우리가 바다는 알지만, 바닷속은 다 알지 못한다. 스쿠버 다이버가 바닷속을 들어가서 본다고 해도 자기가 본 것만 알 수 있다.

더 깊은 바닷속은 알 수가 없다. 우리는 우리가 본 것만 사실이라고 인식한다. 그래서 우리가 보고 체험하지 못한 것은 바닷속에 무궁무진하다는 것이다.

이렇게 잠재의식을 느끼고 체험하는 것은 내가 눈으로 보지 않고 체험하지 못한 잠재의식의 깊은 것을 발굴할 수 있다. 그 조건은 잠재의식을 온전히 믿는 자유의지의 인정이 있어야 한다. 자유의지는 현재의식이다. 즉, 오감과 이성인 현재의식이 잠재의식을 온전히 믿지 못하면, 현재의식이 잠재의식 안에 기억하는 것만 나타내고 누릴 수 있다. 현재의식이 잠재의식을 완전히 믿지 않으면, 우리는 잠재의식 안에 있는 '지구'는 누리지만, '우주'는 누리지 못하는 것과 같다.

"우리는 우리가 보고 경험한 바다는 인정한다. 하지만 우리가 보지 못한 바닷속은 인정도 하고 부정도 한다. 이 부정을 잠재의식에서 없애는 것이 완전한 믿음이다. 이 상태가 하나님을 믿는 것이다. 이 하나님을 믿는다는 것은 성공한 결과가 이미 만들어진 상태에서 출발하는 것이다. 이렇게 믿는 것이 최고의 성공이다."

"하지만 이렇게 믿지 않고 나의 노력으로 잠재의식을 활용할 수도 있다. 바로 현재의식인 오감과 이성이 기억하고 인정하는 것을 가지고 잠재의식을 활용하는 것이다. 믿는다는 것은 목표를 이룬 결과에서 누리는 것이다. 하나님과 함께하는 것이다. 믿지 않는다는 것은 목표를 향해 달려가는 것이다. 내 현재의식과 함께하는 것이다."

목표를 이룬 결과에서 누리면서 출발하는 사람과 목표를 향해 달려가는 사람들, 선택은 여러분의 몫이다. 우리는 '목표를 다 이뤘다. 꿈을 다 이뤘다'고 생각을 하고 이 돈을 어떻게 사용할 것인지를 상상해야 한다. 돈을 쓰는 상상을 해야 한다. '집을 살 것이다', '땅을 살 것이다', '차를 살 것이다', '세계여행을 할 것이다', '부모님의 소원을 들어줄 것이다', '자녀들을 유학을 보내줄 것이다' 등 목표를 이룬 그것처럼 행동하라는 것이다. 부자들과 잠재의식의 대가들은 이렇게 생각하고 행동한다. 이것이 '생각대로 사는 행복한 삶'이다.

"내 생각은 잠재의식이 선물하는 백지수표다."

2장

잠재의식과
재미있는 연애를 하자

잠재의식은
어디로 튈지 모르는 공

나는 13세부터 25세까지 방향성이 없는 방황의 연속이었다. 지금 생각해도 왜 그렇게 가출을 자주 했는지 알 수가 없다. 무언가에 이끌려서 서울로, 제주도로, 목포로, 전국을 누비고 다녔다. 거침이 없이 다녔다.

한번은 목포가 가고 싶었다. 그래서 부산역에 가서 무작정 기차를 타고 목포로 갔다. 이때 나이가 13세였다. 목포 유달산에서 바다를 보는 경치는 부산에서 보는 바다와는 또 다른 느낌이었다. 그때 바다에 여객선이 지나가는데 타 보고 싶어서 목포항으로 갔다. 이때 내가 가지고 있던 돈은 550원이 전부였다. 나는 여객터미널 매표소에서 어디로 가야 할지 고민 중이었는데, 그 순간 '자은도'라는 이름이 눈에 들어왔다. 금액도 550원이었다. 나는 아무 망설임도 없이 표를 샀다. 자은도로 가는 것이 마치 운명처럼 느껴졌다. 배는 자은도로 직행으로 가는 것이 아니라 여러 섬을 거쳐서 자은도에 도착했다.

해는 저물어 가고 수중에 돈은 없고 배는 고프기 시작했다. 13살 초등학생이 부산 영도에서 무작정 목포로 가서 배를 타고 자은도로 가출 여행을 한 것이다. 지금 생각하면 어디서 그런 용기가 났는지 모르겠다. 여객터미널을 나와 무작정 걷기 시작했다. 지는 해를 보며 섬의 경치를 구경하는데 그냥 좋았다. 철이 없어도 너무 없었다.

해는 지고 배는 고프지만, 경치에 푹 빠져서 걷고 있는데, 아저씨 두 분이 오셔서 "어? 못 보던 아이네! 누구네 집에 가는 거니?" 하고 물었다. 나는 당돌하게 "여행하러 왔어요!" 하고 대답했다. 아저씨들은 "혼자 왔어?" 하고 재차 물으셨다. 나는 "예" 하고 대답했다. 아저씨들은 "갈 데는 있니?" 하고 물으셨다. 선뜻 대답하지 못하고 머뭇거리고 있는데 "밥은 먹었니?" 하고 물으셨다.

그런데 아저씨들이 갑자기 서로 자기 집에 가자고 해서 약간 겁이 났다. 나중에 알고 보니 가을 추수철이 돼서 일손이 필요했던 것이다. 나는 아저씨들 집에 교대로 일주일씩 지내기로 했다. 사람들이 말하는 역마살이 이때부터 시작된 거 같다.

잠재의식은 가출한 나처럼 방향성이 없다. 하지만 자기가 나타내고자 하는 것은 어떻게 해서든 외부로 나타낸다. 목포에 가고 싶었던 내 마음처럼 한번 결정하면 실천하는 능력이 있다. 학교도 안 가고 가출

해서 목포로 여행을 가는 것은 엄청난 잘못인데, 잠재의식은 이 일이 잘못인 줄 모른다는 것이다. 잠재의식은 어떤 기억을 확실하게 받아들이고 있다면 그 받아들이고 있는 기억을 아주 자연스럽게 외부로 표현한다. 내가 유머가 넘치는 사람이라면 오감과 이성의 인위적인 노력이 없어도 유머를 표현한다. 또 내가 봉사를 잘하는 사람이라면 오감과 이성의 도움이 없이도 봉사를 외부로 표현한다.

잠재의식은 항상 생각이 존재한다. 이것은 나를 통해 자연스러운 생각, 행동, 상황에 대한 자연스러운 반응으로 표현된다. 내가 거부감 없이 자연스러운 반응을 살펴서 내가 진심으로 믿고 받아들이면 잠재의식은 그대로 외부로 표현한다. 오감과 이성을 제외하고 자연스럽게 떠오르는 생각과 행동으로 나타나는 것이, 내가 잠재의식의 모습을 보는 방법이다.

잠재의식은 불행이든 행복이든 진심으로 받아들이는 사건만 기억한다. '난 안돼, 난 할 수 없어, 난 뭘 해도 안 돼'라고 진심으로 인정하고 부정한다면 잠재의식은 그대로 기억한다. 하지만 반대로 '난 하는 일마다 잘돼, 내게는 항상 행운이 따라다녀, 난 행복해, 난 건강해'라고 진심으로 믿고 인정하면 또한 잠재의식이 그대로 기억하고 그 소망을 이뤄준다.

"잠재의식의 방향성은 내가 진심으로 믿는 대로 외부로 나타내기 때문에, 잠재의식에 긍정의식을 심어야 한다. 그래서 우리는 긍정적인 의식 교정을 끊임없이 해야 한다."

나는 김 씨 아저씨 집에 먼저 갔는데, 집에는 김 씨 아주머니만 있었다. 자녀들은 목포에서 자취하면서 공부한다고 하셨다. 김 씨 아주머니는 내게 많은 것을 질문하셨다. 집은 언제 가출했니, 학교는 안 다니니, 부모님은 계시니, 등등 어린 게 혼자서 다니고 간도 크다고 하시면서 야단하셨다. 아저씨가 "얘 배고플 텐데 어서 밥상 차려주라"라고 성화를 내셨다. 아주머니가 금세 밥상을 차려주셨다. 반찬은 된장찌개와 김치 그리고 땅콩으로 만든 콩자반을 주셨는데 정말 맛있는 별미였다. 그 날밤 나는 하늘에 떠 있는 유난히 반짝이는 별들을 보면서 잠이 들었다.

다음날 나는 김 씨 아저씨를 따라 땅콩 수확을 하러 갔다. 아저씨는 땅콩을 캐는 방법을 알려주셨다. 왼손으로 땅콩 나무를 잡고 오른손으로 호미로 땅을 파면서 땅콩을 뽑아 올리면 주렁주렁 달린 땅콩이 나온다. 많이도 달려있다. 와! 소리가 절로 나온다. 난생처음으로 하는 땅콩 수확은 즐겁고 재미가 있었다. 김 씨 아주머니가 가져다주시는 새참과 점심도 꿀맛이었다. 아저씨는 아주머니께 "이놈 일 잘한다"라고 칭찬도 해주셨다.

해 질 무렵 아저씨는 소달구지에 수확한 땅콩을 싣고, 기분이 좋으신지 콧노래를 부르면서 소를 몰고 가셨다. 나는 소달구지에 타서 자은도 산과 바다와 들판을 구경하면서 수건으로 흐르는 땀을 닦았다. 그 날밤 땅콩을 삶아서 주셨는데, 정말 맛있었다. 너무 많이 먹어서 그 날 밤에 결국 설사하고 말았다. 밤새 화장실을 들랑날랑했다. 자은도는 모래땅에 땅콩을 심고 또 바닷바람을 맞고 자라서 땅콩 맛이 기가 막힌다. 나는 땅콩을 먹을 때마다 자은도 맛있는 땅콩을 기억한다. 지금 생각해보면 자은도 가출 사건은 힘들고 고달팠지만 그런데도 생각만 하면 기쁘고 즐겁고 행복하다.

내 잠재의식은 방향성이 없었던 나의 45년 전 자은도 가출 사건의 기억을 소중히 자세하게 잘 기억하고 있다. 잠재의식은 방향성이 없지만 결국 간직하고 있다가 때가 되면 외부로 표현하고 나타낸다. 잠재의식은 무언가를 계획해서 기억하지 않는다. 내가 진심으로 받아들인 것은 내가 원하지 않더라도 방향성 없이 모두 기억해버린다. 내가 살아가는 모든 삶을 기억한다. 기억하기 싫은 극심한 가난, 끔찍한 고통, 믿었던 사람의 배신으로 인한 상처는 더 또렷하게 기억한다. 그래서 우리는 트라우마, 공황장애, 인격장애를 원치 않게 경험하게 된다. 반대로 행복한 일, 감동을 주는 일, 첫사랑 기억, 맛있는 음식 등의 일은 생각만 해도 입가에 미소가 번지고 행복해지는 것이다.

이렇게 잠재의식은 방향성이 없이 내가 진심으로 받아들이는 내 삶의 모든 일을 다 기억한다. 그래서 우리는 현재의식을 교정해서 긍정적이고 에너지 넘치는 행복한 삶을 계속 만들어서 잠재의식에 심어야 한다.

살면서 과거의 상처들이 나를 엄습할 때, 내 잠재의식의 행복한 긍정 에너지가 나의 상처들을 감싸줘서 치유해줘야 한다. 우리는 이 훈련을 현재의식과 잘 협력해서 성취해나가야 한다. 잠재의식의 방향성은 내가 진심으로 믿는 대로 외부로 나타낸다. 때문에, 잠재의식에 행복하고 긍정적인 삶을 심어야 한다. 이것이 긍정적인 의식 교정을 끊임없이 해야 하는 이유다.

"내 삶의 무게를 잠재의식에게 맡기면
풍요롭게 살 수 있다."

현재의식이
내 발목을 잡는다

　나는 자은도 섬에서 두부 만드는 체험을 했다. 하루는 아주머니께서 물에 불려놓은 콩을 맷돌에 갈라고 시키셨다. 콩을 수저에 떠서 조금씩 맷돌에 조금씩 넣어서 손으로 돌렸다. 콩이 맷돌에 갈리면서 옆으로 콩물이 흘러서 나왔다. 나는 생전 처음 해보는 거라 신기하고 재미가 있었다. 아주머니가 "와 잘하네, 언제 해봤어?" 하자, 난 "아니에요. 처음 해봐요"라고 했다. 아주머니의 칭찬에 신이 나서 열심히 콩을 갈았다. 아주머니는 물통을 주시면서 바닷가에 가서 바닷물을 담아 오라고 하셨다. 바닷물을 담아 오라고 하셔서 나는 '바닷물을 어디에 사용하실까?' 궁금했지만 아주머니는 이쪽으로 쭉 가면 바다가 나온다고 길도 알려주셨다.

　바다로 가면서 자은도 들판과 산을 구경하면서 걸어가는데 갑자기 엄마가 보고 싶었다. 이때가 가출한 지 5일째가 되던 날이었다. '엄마 아빠가 걱정 많이 하실 텐데' 하고 생각이 떠오르자 형들도 동생들도 보고 싶었다. '나는 이제 집에 돌아가면 엄청나게 혼나고 야단맞겠지 ' 하고 생각하니까 겁이 덜컥 났다. 부모님도 겁났지만, 형들도 겁났다. 머리에 여러 가지 생각이 나고 마음이 복잡해졌다. 시장에서 고생하시는 엄마 생각하니까 눈물이 왈칵 쏟아졌다. 여동생 두 명을 보살펴 주고 밥도 해줘야 하는데, 학교의 친구들도 보고 싶었다. 어느새 나는 후회의 눈물을 흘리면서 바닷가에 도착했다.

그런데 "와!" 하고 나도 모르게 탄성이 나왔다. 경치가 너무 좋았기 때문이다. 하얀 백사장에 부딪히는 파도 소리와 백사장에 기어 다니는 꽃게들, 모래 위에 있는 이름 모를 조개들이 나를 반겼다.

나는 게도 잡고 조개도 잡고 신세계 같은 바닷가에서 시간 가는 줄 모르고 즐겁게 놀았다. 그러다가 해가 지는 것을 보고, '아차! 바닷물 담아가야지!' 하고 부리나케 바닷물을 통에 담아서 돌아가는데 해가 지고 어두워졌다. 그리고는 길을 잃어버렸다. 나는 무서워서 울음을 터트리고 말았다.

자은도 섬의 어두운 밤은 무섭고 두려웠다. 가도 가도 인가는 안보이고 넘어져서 무릎도 다치고 손바닥에 피는 흐르고, 잡은 게와 조개는 없어져 버리고 물통만 꼭 잡고 있었다. 나는 "살려주세요! 도와주세요!" 하고 계속 소리쳤다. 무섭고 두려운 공포는 더 심해져 가는데, 저 멀리서 불빛이 보였다. 나는 "여기 사람 있어요! 도와주세요!" 하고 외치며 불빛이 보이는 곳으로 무거운 물통을 들고 최선을 다해 걸어갔다. 불빛 간격이 점점 가까워지자 내 이름 소리가 울려 퍼졌다. "진섭아! 진섭아!" 부르는 소리에 "저 여기 있어요!" 하고 엉엉 울면서 대답했다.

주인아저씨와 아줌마 그리고 동네 사람들이 횃불을 들고 나를 찾고 있었던 것이었다. 바닷가에 바닷물 가지러 간 내가 해가 지도록 오지 않아서 아저씨는 사고가 난 줄 알고 동네 사람들을 데리고 나를 찾으러 온 것이다.

난 아저씨께 꿀밤도 맞고 야단도 맞았는데, '아 이제 살았다'는 생각과 함께 기분이 불쾌하지 않았다. 아줌마는 "요 녀석, 그래도 바닷물은 안 잊어버리고 갖고 왔네?" 하시고 웃으셨다. 온 동네 사람들은 아저씨 집 마당에 다 모여서 두부 파티가 열렸다.

가마솥에 콩물이 부글부글 끓고 있는데, 내가 가지고 온 바닷물을 가마솥에 넣으니까, 콩물이 응고되면서 두부로 변하기 시작했다. 난 참 신기했다. '아! 이래서 바닷물이 필요했구나' 싶었다. 아줌마는 한 그릇씩 담아서 동네 사람들에게 쉰 김치와 함께 드렸다. 동네 사람들은 "운동하고 먹으니까 더 맛있네", "요놈 때문에 맛있는 두부 먹네~" 하고 농담하시면서 맛있게 드셨다.

난 이날의 자은도 섬의 에피소드를 잊을 수가 없다. 내 잠재의식이 기억하고 있는 자은도 섬 가출 사건의 기억은 지금 생각하면 기쁘기도 하고, 행복하기도 하고, 그리움 가득한 향기가 난다.

잠재의식이 자은도 '섬'이라면 현재의식은 섬 안 한 귀퉁이 아름다운 해변에 뛰어노는 '나'라고 비유하는 것도, 좋을 것 같다. 이것은 작은 의미이지만 큰 의미로는 지구와 우주로 생각하면 좋을 것 같다.

우리가 아는 모든 생각과 말 그리고 감정은 현재의식이다. 이것이 잠재의식에 영향을 미쳐서 내 삶에서 일어나는 모든 일의 원인과 결과물이 된다. 오늘 내가 만족스럽지 않다면 내게 하는 말과 생각에 변화가 필요하다. 나는 최고의 삶을 만드는 위대한 창조자다. 현재의식이 떠올리는 모든 생각과 내가 말하는 모든 단어는 나의 미래를 결정하는 창조적인 언어다.

현재의식이 세상에 내놓는 것은 잠재의식이 현재의식을 통해 세상으로부터 돌려받는다. 현재의식이 매일매일 이것을 보여주면서 삶과 지속해서 협력하고 있다. 오감과 이성의 마음을 열고 우리 자기 경험을 믿고 잠재의식이 주는 정보를 공조하고 실천하기만 하면 된다. 하지만 현재의식은 잠재의식이 주는 정보를 공조하지 못할 때가 많다. 그 이유는 오감과 이성이 잠재의식이 주는 정보를 검토할 때 현실과 맞지 않으면 공조를 거부하는 것이다.

이럴 때 해결 방법은 현재의식이 의식교정을 해서 잠재의식의 정보를 믿고 실천해야 한다. 현재의식이 의식을 교정하는 것은 현재의식의 희생이 없이는 불가능하다. 여기서 중요한 것은 잠재의식은 의식교정을 할 수가 없어서 희생할 수가 없다. 그래서 현재의식은 연애를 잘해야 한다. 희생할 줄 모르는 잠재의식이 밉지만 현재의식이 희생해서 잠재의식을 이끌고 목표까지 데리고 가야 하기 때문이다.

예를 들면, 사랑하는 여자친구가 미국에 여행 가고 싶다고 한다. 하지만 나는 프랑스에 여행을 가고 싶다. 어떻게 해야 할까? 잠재의식이 여자친구이고 나는 현재의식이라고 한다면 나는 프랑스에 가고 싶지만 미국에 여행 가고 싶은 여자친구에게 맞춰주는 양보와 희생이 필요한 것이다. 잠재의식을 얻기 위해서는 현재의식의 일방적인 양보와 희생이 필요하다. 여자친구의 마음을 얻기 위해 자기의 생각과 뜻 그리고 감정을 희생해야 한다.

그런데 내가 희생하지 않고 양보하지 않는다면 여자친구의 마음을 얻을 수가 없다. 여행은 수단이지만 여자친구의 마음을 얻는 것은 목표이기 때문이다. 이것이 잠재의식과 현재의식이 연애를 잘해야 하는 이유다. 그런데 현재의식은 잠재의식을 잘 받아들이지 못한다. 인정하고 싶지 않은 것이다. 오감과 이성이 현실에 받아들이기에는 맞지 않는 정보들이 많기 때문이다. 그런데도, 불구하고 사랑하는 여자친구의 마음을 얻기 위해서는 나는 끊임없이 긍정의 의식교정을 해서 여자친구의 마음을 얻어야 한다.

잠재의식은 현재의식에게 웬만해서는 상상할 수 없는 방식으로 에너지를 보고 느끼고 전달한다. 현재의식과 잠재의식은 정교하게 의사소통한다. 각자는 매일매일 순간마다 주파수 신호를 전달하고 수신하며 소통한다. 마치 사랑하는 연인이 텔레파시가 통하는 것처럼 교감하기도 하는 것이다. 지금도 밤하늘에 반짝이는 별처럼 현재의식과 잠재의식은 서로 연결하는 에너지 주파수로 소통하고 있다.

현재의식과 잠재의식은 모든 삶과 우연한 생각 혹은 무작위적인 생각은 서로에게 어떤 식으로든 영향을 준다. 현재의식이 잠재의식에 받고, 내보내는 정보는 좀 더 세심하게 주의를 기울이는 연애를 배우면 현재의식은 나뿐만 아니라 내 주변에 있는 모든 사람에게도 영향력을 미치는 창조 능력을 나타내 보인다. 오감과 이성을 지닌 현재의식은 육체적이라고 한다면 잠재의식은 영적이라 할 수 있다. 이 둘이 깊은 사랑을 해야 한다. 현재의식의 일방적으로 양보하고 희생하는 사랑이지만, 그래도 우리는 알아야 한다. 잠재의식이 엄청나게 많은 정보를 계속해서 현재의식에게 주기 때문에, 깊은 의미로는 서로는 서로 사랑하고 있다.

우리 몸은 50조 개 이상의 어마어마한 세포로 구성돼있다. 그 모든 세포가 함께 작동하면서 내가 보고 듣고 읽고 말한다. 그러나 세포는 서로 싸우거나 논쟁하지 않는다. 세포들은 서로에게 이렇게 협력하는지 질문을 하지도 않는다. 또 서로 누가 더 똑똑한지 자랑하지도 않는다. 그렇지만 세포들은 내 몸을 가장 좋은 최상의 상태로 만들기 위해 끊임없이 노력한다. 우리는 당연시하지만 진정한 기적이 매일 내게서 일어나는 것이다.

세포의 상호작용은 우리의 외부 현재의식에서도 일어난다. 현재의식의 생각, 말, 행동 그리고 감정이 매일매일 창조적으로 작용하면서 잠재의식과 함께 협력하고 우리의 삶을 창조하기 위해 작동하고 있다. 현재의식을 긍정적인 방향으로 에너지를 집중하면 나는 훨씬 더 많은 좋은 경험을 만들어 낼 수 있다.

잠재의식은 창조적인 힘에 대한 정보를 주장한다. 현재의식은 잠재의식의 에너지를 현명하게 사용하는 것은 처음에는 어려울 수 있다. 현재의식은 대부분 두려움 속에서 살고 방어적으로 생각하고 행동하도록 훈련받아 왔다. 현재의식은 무엇이 효과가 없는지, 무엇이 잘못됐는지, 혹은 무엇이 우리 삶에 좋지 않은지를 찾으면서 잠재의식에게 저항하고 있다. 하지만 이것은 오감과 이성을 가진 현재의식의 임무이고 사명이기도 하다. 둘이 서로 사랑싸움을 하는 것이다. 현재의식은 사랑싸움하면서도 잠재의식의 마음을 얻는 '긍정의 의식교정'을 통해 끊임없이 연애 기술을 발전시켜야 한다.

우리는 새해가 되면 잠재의식이 전달해주는 많은 정보를 현재의식이 전달받는다. 올해는 저축을 많이 해야지, 올해는 결혼해야지, 올해는 다이어트를 해야지, 올해는 건강을 위해 운동해야지, 등 많은 계획을 세워서 현실에 맞게 생활하지만, 얼마 지나지 않아서 모든 계획은 수포가 돼 버리고 만다. 그리고 현재의식은 계획을 성취할 수 있는 이유보다, 할 수 없는 이유가 더 많아져서 세운 계획을 포기하는 것이다.

이때 현재의식은 성취할 수 없는 이유들을 '긍정의 의식교정'을 통해
제거하고 여자친구의 마음을 얻어야 한다.

"잠재의식에게 꿈의 불씨를 지피자."

실천보다 더 중요한 건
긍정적인 현재의식을 갖는 것

나는 두부 사건 이후, 이틀 더 있다가 아저씨께 집에 가고 싶다고 말씀드렸다. 아저씨는 "그래 잘 생각했어!" 하시면서 머리를 쓰다듬어 주셨다. 그리고는 "내일 배 타는 곳으로 데려다줄게" 하셨다. 아저씨도 목포에서 중학교, 고등학교 다니는 자녀들이 있다. 그래서인지 나를 자식같이 대해주셨다. 지금 생각해보면 참 고마운 분들이다.

다음날 아주머니는 자루에 땅콩을 가득 담아주셨다. 아주머니는 다른 곳에 가지 말고 집으로 곧장 가라고 신신당부하셨다. 꼭 엄마 같은 느낌이 들었다. 아저씨 소달구지에 나를 태우고 배 타는 곳으로 데려다 주셨다. 여객터미널에 도착해서 아저씨는 배표와 목포에서 부산까지 가는 차비와 용돈까지 주셨다. 그리고 아저씨는 웃으시면서 "진섭아, 너는 훌륭한 사람이 될 테니까 집에 가서 부모님 말씀 잘 듣고 공부 열심히 해~" 하시면서 나를 꼭 안아주셨다.

나는 "아저씨 고맙습니다. 감사합니다. 건강하세요" 하고 인사드렸다. 배를 타고 자은도 섬이 안 보일 때까지 바라보았다. 목포에 도착할 때까지 집에 가서 야단맞을 생각을 하니 걱정이 태산 같았다. 목포역에서 기차를 몇 번 거쳐서 부산역에 밤 10시에 도착했다. 부모님께 야단맞을 생각에 집에 들어가기가 겁났지만, 고마운 아저씨 아주머니의 집에 꼭 들어가라는 말씀대로 나서 용기를 내서 집에 들어가기로 했다.

무거운 땅콩 자루를 들고 버스를 타고 집에 도착했다. 대문 앞에서 잠시 망설였지만, "엄마, 엄마, 나왔어!" 하고 외쳤다. 엄마는 신발도 안 신고 바로 달려 나오셨다. 이어서 아빠와 형들 동생들이 다 나왔다. 엄마는 "아이고 내 아들 돌아왔구나! 잘 왔다, 잘 왔어" 하셨다. 아빠는 "밥은 먹었어?" 하시며 어서 방으로 들어가자고 하셨다. 윗집과 옆집도 시끄러운 소리에 담 너머로 쳐다보시고 "진섭아, 여행 잘 다녀왔어, 잘 놀다 왔어?" 하고 한 말씀 하셨다. 나는 "엄마 나 땅콩 가져왔어" 하고 땅콩을 드렸다. 엄마는 "이 무거운 걸 어떻게 가저왔어, 힘도 좋네" 하시면서 웃으셨다.

그날 밤, 우리 가족은 삶은 땅콩을 먹으면서 내 가출 이야기로 밤이 깊어갔다. 엄마는 "참 고마운 분들이네, 좋은 사람들 만나서 다행이다" 안도하셨고, 아빠는 어린 내가 목포도 먼 곳인데 또 배를 타고 섬에까지 갔다고 하니 어이가 없다는 표정을 하셨다. 형들은 나중에 보자는 눈빛으로 나를 쳐다보았고 여동생들은 "오빠가 없어져서 엄마가 얼마나 걱정하셨는데 알기 나 알아? 오빠 미워, 오빠 나빠!" 했다. 난 부모님께 크게 혼난 줄 알았는데 용서해주셨다. 이렇게 자은도 가출 사건은 마무리됐다.

잠재의식이 가지고 있는 자은도 가출 사건은 당시에는 참 황당한 가출 사건이지만 지금은 소중한 기억으로 내 삶의 한 부분으로 나타내고 있다. 이렇게 유년 시절의 특별한 감동이 있는 기억은 45년의 오랜 세월이 흘러도 잠재의식은 최근의 일어난 일처럼 또렷하게 기억하고 있다.

우리는 잠재의식의 변화를 위해서는 현재의식의 현재 상태를 체크하고 현재 상태를 선명하게 잘 알아야 한다. 그리고 현재의식이 설정한 목표를 정확하게 이해해야 한다. 또한 잠재의식과 현재의식을 상황에 따라 분리해야 한다. 이렇게 해야 현재의식의 목표를 이룰 수 있다. 잠재의식의 변화는 현재의식의 '긍정 의식교정'이다. 의식교정을 통해 '새로운 마음'을 가지는 것이다. 완전 새로운 마음을 갖는 것이다. 현재의식의 오감과 이성이 어떤 모습으로 있는지 정확하게 알아야 한다. 정확하게 알지 못하면 잠재의식의 변화는 일어나지 않는다.

현재의식의 발견은 진실한 삶의 모습을 그대로 나타내야 한다. 지금의 내 모습의 현재의식의 상태가 현재와 미래의 삶을 가지고 온다. 잠재의식 변화의 시작은 현재의식의 상태 점검이다. 현재의식을 자세하게 살펴보면 내 삶에 대한 방향을 알 수 있다. 그리고 이에 대한 반응은 잠재의식의 변화이다. 즉, 삶에 대해 일어나야 하는 일들의 '핵심'이 되는 것이다.

우리의 현재의식이 가지고 있는 고정관념, 생활 습관, 내가 가지고 있는 삶의 경험은 좀처럼 바뀌지 않는다. 이것이 진실이고, 진실이라고 믿기에 변화를 두려워한다. 마치 거울에 비친 내 모습이 진짜 내 모습이라고 믿는 것과 같다. 거울에 비친 내 모습이 현재의식이라면 진짜 내 모습은 잠재의식인 것이다. 거울에 비친 현재의식은 변화를 가져올 수 없다. 진짜 내 모습이 바뀌어야 거울에 비친 현재의식이 바뀌는 것이다.

거울에 비친 내 모습과 진짜 내 모습은 분명한 연결고리가 있다. 텔레파시와 주파수가 있는 것이다. 이것은 부정할 수 없는 사실이다. 그래서 진짜 내 모습이 바뀌면 거울에 비친 내 모습은 자동으로 바뀌는 것이다. 그래서 잠재의식을 변화시켜야만 현재의식이 변하는 것이다.

거울에 비친 현재의식은 만족하고 있지만, 진짜인 잠재의식은 만족하지 못할 수도 있다. 거울에 비친 현재의식을 아무리 예쁘게 꾸며도 잠재의식이 바뀌지 않으면 근본적으로 목표를 이뤘다고 할 수가 없다.

현재의식은 고정관념, 생활 습관, 내가 가지고 있는 삶의 경험만 볼 수 있다. 즉, 거울에 비친 내 모습만 볼 수 있다. 하지만 잠재의식의 변화를 현재의식이 느끼고, 인정해서 그것을 받아들여야 한다. '여자친구의 상황'을 계속해서 인정하고 받아들여서 여자친구의 마음을 얻어야 한다. 우리는 이 관계를 명확하게 알고 현재의식의 끊임없는 '긍정의 의식교정'을 해야만 한다.

현재의식의 '긍정의 의식교정'은 새로운 마음, 즉 믿음이다. 이 새마음으로 잠재의식을 변화시킬 수 있다. 새마음에 잠재의식이 정보를 줄 때, 긍정적인 현재의식이 되는 것이다. 그리고 긍정적인 현재의식으로 실천할 때 진정한 목표가 이뤄진다. 새마음은 현재의식이 이루는 목표가 아니라 잠재의식이 이루는 목표다.

현재의식이 '새마음'을 가지면 그 능력은 백지수표가 된다. 백지수표를 가진 현재의식은 많은 계획과 일들을 성취할 수 있다. 백지수표는 삶의 목표를 명확하게 해준다. 목표가 명확하면 실천만 하면 되는 것이다. 비로소 현재의식과 잠재의식이 하나가 돼서 목표를 이루는 것이다.

잠재의식을 온전히 받아들이면 '거울에 비친 내 모습', 즉 현재의식은 사랑스러운 존재가 된다. 그리고 잠재의식의 진짜 내 모습을 점점 더 알아 갈 수 있다. 또한, 현재의식은 잠재의식을 받아들인 결과가 돈이든, 건강이든, 마음이든, 성취를 이룬 내 모습을 보고 느낄 수 있다.

이 모습이 잠재의식이 현재의식을 통해 세상 밖으로 나타내고 증명하는 것이다. 그래서 우리는 현재의식이 가지고 있는 고정관념, 생활습관, 삶의 경험, 즉 거울에 비친 내 모습을 인정하지 않고 잠재의식의 변화를 느끼고, 인정해서 그것을 받아들여야 한다. 잠재의식 '여자친구의 상황'을 계속해서 인정하고 받아들여서 여자친구의 마음을 얻어야 한다. 우리는 이 관계를 명확하게 알고 현재의식의 끊임없는 '긍정의식교정'을 통해서 '새마음'을 항상 가져야만 한다. 다시 한번 강조하자면 '새마음'을 얻기 위해서는 현재의식 '오감과 이성'이 양보와 희생을 해야 한다. 바로 이때 잠재의식이 '새마음'에게 주는 소리를 들을 수 있다.

현재의식의 '긍정의식 훈련'을 통해 새마음이 계속 발전된 모습으로 성장해야 한다. 거울에 비친 내 모습이 진짜 내 모습으로 착각해서는 안 된다. 현재의식의 양보와 희생을 통한 '여자친구의 마음'이 잠재의식의 진짜 내 모습이다. 현재의식은 '새마음'에서 주는 소리에 민감하게 반응하고 긍정적으로 실천할 순간을 준비하고 있어야 한다.

잠재의시의 최대의 적은 부정적 사고, 부정적 감정, 할 수 없어, 안 돼, 못해, 시간이 없어, 해봤자 안돼, 등의 쓸데없는 자존심이다. 이 적들을 긍정적으로 의식을 교정해서 바꿔야 하는 것이 현재의식이 해야 할 훈련이다. 끊임없는 훈련을 통해 이 적들을 많이 물리칠수록 내 계획과 목표를 시간 단축하고 성공한 삶을 풍성하게 누릴 수 있다.

"현재의식의 실천보다도 더 중요한 것은
현재의식이 가지고 있는
부정적인 성벽을 무너뜨리는 것이다."

잠재의식을 귀찮게 하자
그래도 짜증 내지 않는다

현재의식은 오감과 이성을 통해 인식한다. 오감과 이성이 활동할 때는 잠재의식을 주장하는 것은 힘들다. 예를 들면, 잠재의식이 지금 내가 있는 곳이 자은도 섬이라고 해도, 현재의식이 내 눈은 집이라고 말하고 지금 TV를 보고 있기에 현재의식은 받아들이지 않는다. 또 잠재의식이 내가 영화관에서 영화를 보고있어도 현재의식의 오감과 이성은 닌 직장 사무실에서 일하고 있다고 말한나. 그래서 오감과 이성 , 즉 현재의식이 활동하는 시간은 잠재의식을 변화시키기가 힘들다.

잠재의식의 변화를 위해서는 이 사회로부터 주입되고 습득된 오래된 습관을 버려야 한다. 그리고 오감과 이성의 현재의식이 말하는 소리에 귀 기울이기보다는 잠재의식의 소리에 집중하면 잠재의식에게 더 가까워질 수 있다. 잠재의식을 가까이 느낄수록 현재의식이 자유로움을 느낄 수 있다. 현재의식이 더 자유로워지고 싶다면 부정과 의심을 버려야 한다. 이미 습관화된 부정과 의심을 버리는 일은 어렵지만 버려야 한다. 항아리에 가득 차 있는 부정과 의심을 비워야만 새마음을 담을 수 있다.

잠재의식과 함께 소통한다는 굳건한 믿음을 가져야 한다. 믿는 대로 생각하고 살아야 한다. 이렇게 하지 않으면 사는 대로 생각하게 된다. 부정과 의심이 있으면, 의심에 따라 행동하고 그 결과를 얻는 삶을 살게 된다. 우리가 사는 사회, 학교, 부모가 가르쳐준 내용에는 의심이 들어 있다. 부정과 의심을 생각하면 우리는 그대로 행동하게 된다. 부정과 의심의 결과는 좋은 결과물을 얻지 못하고 더 나은 삶도 얻지 못한다. 그래서 부정과 의심을 반드시 버려야 한다.

세상의 모든 일은 생각하는 대로 진행되기 때문에 마음속으로 할 수 없다고 부정적으로 생각하면 그대로 진행된다. 내가 오감과 이성의 부정과 의심으로 잠재의식을 대한다면 결과는 부정과 의심이 되돌아온다.

잠재의식은 공기처럼 보이지 않는 존재다. 잠재의식을 보거나 만질 수는 없다. 하지만 잠재의식이 존재한다는 것은 알고 있다. 잠재의식의 존재를 안다는 것은 믿는다는 것이다. 잠재의식을 신뢰하고 믿는 믿음으로 마음을 바꾸면 잠재의식을 공유할 수 있다. 이때부터는 잠재의식의 주파수와 에너지를 느낄 수 있다.

잠재의식의 주파수와 에너지를 느끼기 시작하면 우리는 어린아이처럼 순수하게 내가 필요한 것을 사달라고 보채야 한다. 억지를 부려야 한다. 어린아이는 갖고 싶은 장난감이 있으면 엄마한테 사달라고 보채고 때 쓴다. 그래도 안 사주면 소리 내어 울음을 터뜨린다. 사줄 때까지 우는 것이다. 이때 어린아이는 의심하지 않는다. 엄마가 사줄 것을 믿는다. 엄마는 마침내 장난감을 사주게 된다.

우리는 어린아이처럼 단순하게, 순수하게 잠재의식에게 접근해야 한다. 그리고 목표를 세우고, 어린아이처럼 잠재의식을 귀찮게 해야 한다. 시간 관계없이 계속 귀찮게 해야 한다. 엄마는 귀찮다고 짜증 내지만, 잠재의식은 짜증 내지 않는다. 그리고 마침내 잠재의식은 내 목표를 밖으로 나타내서 이뤄준다.

우리는 사회로부터, 학교로부터, 가정으로부터 학습된 현재의식 때문에 사람들을 대면할 때 의심부터 하는 습관이 자동으로 생겼다. 그래서 우리가 먼저 해야 할 일은 '이 사람은 믿어도 될까?' 하는 의심부터 없애야 한다. 의심을 없애는 방법은 잠재의식과 소통하는 '새마음'(믿음)을 성장시킬 때 이 의심의 크기를 점점 작게 할 수가 있다. 무언가에 대해 의심이 커질 때, 오감과 이성의 활동을 잠시 멈추고 조용하고 쾌적한 곳을 찾아서 내면에 있는, '새마음'(믿음)이 가지고 있는 '에너지와 주파수'로 잠재의식과 소통해야 한다.

잠재의식은 불안, 염려, 걱정, 의심이 없다. 때문에 '새마음'(믿음)이 잠재의식과 소통하면 의심이 사라지기 시작한다. 우리는 불안, 염려, 걱정, 의심이 없는 잠재의식의 능력을 반복적인 긍정의 확언, 즉 '새마음'(믿음)을 통해 내 것으로 만들어야 한다. 그리고 마치 구구단을 외우듯이 잠재의식에게 소통시켜야 한다.

술 취한 사람이 집에 잘 돌아오는 이유는 매일 반복적으로 집으로 돌아오는 훈련을 했기 때문에 의식이 없어도 집으로 돌아오는 것이다. 직장에서 집으로 퇴근하는 길은 일정하다고 할 수 있다. 같은 길을 반복적으로 다니면 자세하게 그 길을 알 수 있다. 집으로 돌아오는 길에 식당이 있고, 마트가 있고, 이 집에는 개가 있고, 이 집 아저씨는 술을 좋아하고, 계단이 몇 개 있다는 것까지 자세하게 그냥 아는 것이다. '새마음'(믿음)이 잠재의식에게 하루에도 몇 번씩 찾아가면 점점 더 가까이서 잠재의식의 에너지를 느끼고 소통할 수 있다.

우리는 자는 동안에 꿈을 꾼다. 하지만 잠재의식과 소통하는 우리는 잠들 필요가 없이 꿈을 꿀 수가 있다. 깨어 있는 동안에 꿈을 꾸면, 부정과 의심이 사라지는 자유로움을 느낄 수 있다. 밤에 자면서 꿈꾸는 나, 낮에도 꿈꾸는 나는 서로 다른 존재가 아니고 같은 사람이다. 깨어 있는 동안에 잠재의식의 에너지와 주파수와 '새마음'(믿음)이 쉬지 않고 소통하는 훈련을 해야 한다. 훈련의 완성도가 높을수록 우리는 강력한 힘을 얻고, 풍성한 삶을 누릴 수 있고, 원하는 것을 성취할 수가 있다.

어느 날, 하나님께 기도하는데 하나님께서 내게 말씀하셨다. "목사가 돼서 나를 섬기라"라고 말씀하셨다. 나는 깜짝 놀라서 "제가 어떻게 목사가 될 수 있나요? 저는 할 수가 없어요" 하고 지나쳐 버렸다. 그런데 기도만 하면 목사가 되라고 감동을 계속 주신다. "하나님 저는 초등학교밖에 안 나온 거 아시잖아요, 저는 안 돼요, 할 수 없어요" 하고 무시했다. 그 후에도 하나님은 계속해서 목사가 되라고 감동을 주셨다. 나는 더 이상 하나님의 말씀을 거역할 수가 없었다. 이때 나이가 28세였다.

나는 목사가 되기 위해 늦은 나이에 중학교 검정고시 공부를 시작했다. 영어 과목도 어려웠고 수학도 어려워서 공부가 하기 싫었다. 몇 번이고 그만두려고 했다. 하지만 그때마다 하나님께서는 "아들아, 넌 할 수 있어, 내가 너와 함께할 거야!" 하시면서 용기와 힘을 주셨다, 그러면 나는 '그래 해보자! 한번 해보자'라고 했다, 그렇게 하나님의 인도하심으로 1년 만에 중학교 검정고시에 합격했다. "하나님, 감사합니다. 하나님께 영광을 돌립니다!"라고 하는데 하나님께서는 "이제는 고등학교 검정고시 시작이야"라고 하셨다. 나는 그렇게 하나님께 이끌려 고졸 검정고시 공부를 시작했다. 낮에는 일하고 밤에는 공부를 했다. 그리고 다시 1년 후에 고졸 검정고시에 합격했다. 나는 "하나님 감사합니다. 하나님께 영광을 돌립니다"라고 했다. 그랬더니 하나님은 신학교에 입학하라고 즉시로 또 말씀하셨다. 나는 하나님의 말씀에 순종해서 신학교에 입학했다.

나는 지금 잠재의식의 능력을 말하고 있다. 앞서 나는 잠재의식의 시작과 끝에는 하나님이 계시다고 말했다. 이 관계를 잘 이해하면 잠재의식의 능력을 제대로 활용할 수 있다. '새마음'(믿음)이 잠재의식과 소통하면 의심이 사라지고 기적이 나타나기 시작한다. "공부를 할 수 없어요!"라고 했는데 내 안에 있는 잠재의식이 할 수 있는 의식으로 현재의식을 교정하고, 공부를 할 수 있는 환경으로 만들고, 마침내 목표를 완성했다. 내가 간절하게 원하지도 않았지만, 잠재의식(하나님)이 원하면 일사천리로 진행된다. 아무도 막을 수가 없다. 가장 좋은 예라고 할 수 있다. 잠재의식이 원하는 상태가 되면 모든 일은 만사형통이 된다.

잠재의식(하나님)은 내가 부족함 없이 풍요로운 곳에서, 행복하게 삶을 사는 것을 원한다. 내가 할 일은 '새마음'(믿음)이 잠재의식과 의심 없이 소통만 하면 되는 것이다. 잠재의식은 모든 영역에 관여한다. 우주도 관여하고, 지구도 관여하고, 우리의 삶도 관여한다. '새마음'(믿음)이 깊어지고, 더 크게 성장할수록 한 차원 높은 현재의식을 누릴 수 있다.

"현재의식은 봐야 믿을 수 있다고 하지만,
잠재의식은 믿어야 볼 수 있다고 한다."

잠재의식은 내가
고백하고 말하는 것만 준다

우리는 세상을 살아가면서 필요한 것도 많고 갖고 싶은 것도 많다. 집도 필요하고, 차도 필요하고, 돈도 필요하다. 가족과의 사랑, 이성 간의 사랑도 필요하다. 필요하고 갖고 싶은 것을 열거하자면 끝이 없다. 그런데 문제는 갖고 싶다고 다 가질 수 없고, 하고 싶다고 다 할 수가 없다. 그렇지만 사람들은 풍요롭게 행복하게 살기를 바란다.

그렇다. 가능하다면 풍요롭게 행복하게 살아야 한다. 그렇게 실 수 있는 방법을 찾고 배워서 풍요롭고 행복하게 살면서 불우한 이웃들을 도우며 더불어 살아야 한다. 하나님께서도 원하시고 바라시는 일이다. 하나님은 세상 모든 사람이 행복하게 건강하게 부자로 살면서 장수하기를 원하신다. 또 이렇게 사는 것이 세상을 창조하신 하나님의 목적이고 뜻이다. 그렇다. 우리는 풍요롭고 행복하게 장수하는 존재로 만

들어졌다. 내 잠재의식 안에 있는 풍요와 행복과 장수를 밖으로 나타
내서 누려야 한다.

과거에 나는 40일 금식기도에 도전한 적이 있다. 하나님께 능력을
받고 싶어서 기도원에서 금식기도를 했다. 나는 이전에도 3일 금식기
도, 일주일 금식기도, 21일 금식기도를 하면서 이적과 기적을 경험한
적이 있었다. 나는 더 큰 능력을 받기 위해 40일 금식기도에 내 모든
삶과 생명을 걸고 금식기도를 시작했다.

금식기도 3일째 첫 번째 고비가 왔다. 보통 3일만 굶으면 눈에 보이
는 것이 없다고 사람들은 말한다. 이때가 되면 엄청나게 예민해진다.
앉으나 서나 먹을 것밖에 생각이 안 난다. 다행히 성경 말씀 속 깊이
들어가 고비를 넘겼다.

금식기도 일주일째 두 번째 한계가 왔다. 첫 번째 한계는 육체적이
라 한다면 두 번째는 영적 싸움이 시작된다. 비유하자면 육체의 병보
다 마음의 병이 더 고치기가 힘든 것과 같다. 이때부터는 오만가지 생
각이 밀려온다. '그 정도 했으면 됐어, 하나님도 다 알고 계셔', '야 너
그러다 병 생긴다. 가족들 생각해. 가족들을 돌봐야지?' 등 현재의식이
금식기도를 하면 안 되는 이유를 계속 열거한다. 나는 잡생각을 물리
치려고 기도원 뒷동산 산책로를 걸었다.

산에는 밤나무가 많았다. 10월 초라 밤송이들이 여기저기 떨어져
있었다. 나는 본능적으로 밤송이를 줍기 시작했다. 입을 활짝 벌리고

있는 탐스러운 밤송이를 보니, 한입 깨물어서 먹고 싶은 충동이 생겼다. 현재의식은 다정하게 속삭인다. "아무도 보는 사람도 없는데, 먹어봐. 배고프잖아! 먹어도 돼!" 이 순간 정신이 번쩍 든다. 주웠던 밤송이를 하나 들어서 "나를 유혹하지마. 안돼!" 하고 소리치면서 던졌다. 또하나 들어서 "나는 할 수 있다!"라고 큰소리치면서 던졌다. 그렇게 밤송이를 하나씩 다 버리고 할 수 있다는 다짐을 하면서 또 한 번 고비를 극복했다.

금식 14일이 되면서 영적(잠재의식)과 현재의식의 갈등이 고조되고 싸움은 치열해졌다. 이때부터는 하나님의 인도하심이 없으면, 죽음의 공포가 순식간에 들어온다. 그래서 더 하나님께 간절하게 기도하게 된다. 이때 하나님께서 죽음의 공포를 물리쳐주신다.

금식 21일째 육체의 힘은 다 빠졌다. 하지만 영은 맑아지고 상쾌한 기분이다. 한 번도 경험하지 못한 청량함이다. 구름 위를 사뿐히 걸어다니고 무지개 위에서 미끄럼을 타는 것 같다. '그래, 바로 이 기분이지! 하나님 감사합니다. 이 느낌 너무 좋습니다. 하나님 감사합니다!'라고 했다. 이 느낌, 이 기분이면 40일 금식기노는 문제없이 할 수 있겠다는 생각을 하는데, 하나님께서는 "이제 됐다"라고 하시면서 금식기도를 그만하라고 하셨다. 참 당황스러웠다. 나는 충분히 할 수 있겠다라고 생각했는데, 하나님께서는 40일 금식기도를 다 받았다고 하시면서 집으로 돌아가라고 하셨다. 나는 감동의 눈물이 왈칵 쏟아졌다. "하나님, 감사합니다!"

하나님께서는 또 말씀하셨다. 내가 금식기도를 하는 것보다, 한 번 더 웃고 기쁘게 행복하게 사는 것이 더 기쁘다고 하셨다. 나는 "하나님 알겠습니다. 감사합니다. 순종하겠습니다"라고 했다. 이 기분 이 느낌은 체험해보지 않으면 말로는 다 설명할 수가 없다.

나는 이 사건을 계기로 해서 '다이돌핀 웃음 치유'를 만들고 전국으로 강의를 다녔다. 이때 제자들을 많이 교육했는데, 제자들은 병원, 양로원, 요양원, 복지관 등에서 사람들에게 '다이돌핀 웃음 치유'로 그들을 위로했다. 제자들이 "목사님~ 사람들이 너무 좋아해요. 저희들도 보람되고 기뻐요!" 하는데 나는 참 감사했다. 이때 나이가 39세였다. "여러분 많이 웃고 행복하게 사세요. 하나님이 기뻐하십니다."

잠재의식에게 고백하는 것은 꿈꾸는 것 같다. 보이지 않고 만져지지도 않는다. 보이지 않고 만져지지도 않는 꿈을 이루는 것이다. 그렇다 꿈은 이뤄진다. 이 꿈을 이루기 위해서는 잠재의식의 능력을 믿고 적극적으로 활용해야 한다. 잠재의식의 능력으로 엄청난 부를 이룬 사람들이 있다. '켈리 최'와 '한책협'의 김태광 대표. 이들은 잠재의식의 능력과 피나는 노력으로 부를 이뤘다. 특히 김태광 대표는 시간을 초 단위로 사용하고 시간을 아끼는 사람이다. 시간을 초 단위로 사용하는 사람들은 모든 일을 목숨 걸고 노력하는 사람들이다. 잠재의식의 능력과 현재의식의 높은 자아가 이뤄낸 결과다. 즉, '꿈은 이뤄진 것이다.'

이렇게 꿈을 이루기 위해서는 '잠재의식의 능력'과 '현재의식의 높은 자아'가 꼭 필요하다. 예를 들어 내가 캠핑카가 갖고 싶다는 꿈이 생겼다면, 생각만 해서는 안 된다. '꿈의 설계'를 해야 한다. 갖고 싶은 캠핑카 모델을 찾아서 실물을 보고 사진을 찍는다. 그리고 사진을 인쇄해서 내 시선이 가장 많이 머무는 곳에 붙인다. 화장실, TV, 침대 위, 식탁 등에 붙인다. 곳곳에 많이 붙일수록 꿈은 빨리 이뤄진다.

왜냐하면 내 시선이 자주 머무는 곳에 캠핑카 사진이 보인다면 나는 사진을 볼 때마다 잠재의식에게 캠핑카를 갖고 싶다고 고백할 수가 있기 때문이다. 화장실에서 "캠핑카 갖고 싶어", TV 볼 때도 "캠핑카 갖고 싶어", 밤에 침대에서 잘 때 천장에 있는 캠핑카 사진을 보고 "갖고 싶어", 식탁에서 식사할 때도 캠핑카 사진을 보고 "캠핑카 갖고 싶어", 차를 타고 가면서도 캠핑카 사진을 보고 "캠핑카 갖고 싶어"라고 잠재의식에게 계속 고백해야 한다. 쉬지 않고 진심으로 잠재의식에게 고백하면 잠재의식은 밖으로 나타내어서 캠핑카를 가질 수 있는 환경과 여건을 만들어준다. 그리고 '마침내 꿈은 이뤄진다'

여기까지 어려운 것이 없다. 문제는 '오감과 이성'을 가진 현재의식이다. 내가 캠핑카를 가지는 꿈을 꾸는 순간 현재의식은 주제 파악을 해라, 내 월급이 얼만데, 생활비도 모자라는 주제에, 빚이나 갚고 생각해라 등 캠핑카를 살 수 없는 이유들을 만들어 낸다. 이 역할이 현재의식이 하는 일이다. 항상 현재의식은 지금 현 상황을 체크하고 나를 이끌어 간다. 그래서 잠재의식의 능력을 잘 모르는 사람은 현재의식에 의해서 꿈을 포기하고 만다. 이것을 잘 아는 잠재의식의 대가들은 현재의식보다 엄청난 능력을 갖춘 잠재의식의 능력을 사용한다.

잠재의식의 능력을 보고 싶다면 단순해야 한다. 순수해야 한다. 어린아이같이 의심이 없어야 한다. 생각이 단순하고 순수하고 어린아이같이 의심이 없다면, 잠재의식의 능력을 빠르게 경험할 수 있다. 다시 말하면 어린아이 같은 심성으로 잠재의식에게 고백하고 떼를 쓰는 것이 중요하다. 현재의식이 "캠핑카 안돼!"라고 하면, "아니야! 난 갖고 싶어!" 하고 어린아이처럼 떼써야 한다. 캠핑카를 소유할 때까지 어린아이 같은 심성으로 잠재의식에 떼를 써야 한다.

현재의식이 내 꿈에 스트레스를 줄 때, 어린아이처럼 단순해야 한다. 그렇게 하지 않으면 꿈을 소유할 수가 없고 현재의식에 이끌려 사는 삶만을 살게 된다. 꿈의 목표를 가진 사람들은 꿈의 의심을 가져서는 안 된다. 의심하고 잠재의식에게 고백하면 소용이 없다. 현재의식이 의심이 있다는 것을 이미 알고 있기 때문이다. 현재의식의 자아가 강한 사람들은 현재의식의 능력으로만 살고 잠재의식의 능력을 인정하지도 않는다. 눈에 보이는 것만 믿고, 손에 잡히는 것만 믿는 것이다. 안타까운 일이다. 그렇다 현재의식은 우물 안의 개구리인 것을 깨닫지 못하는 것이다.

'한책협'에 김태광 대표를 만나러 가는 날 소낙비가 내린다. 내가 좋아하는 비가 내린다. 나는 새로운 일을 할 때 비가 내린다. 결과도 좋다. 그래서 비를 좋아한다. 아내가 김태광 대표의 유튜브를 보고 감동받아 내게도 꼭 볼 것을 권유했다. 그래서 나는 김태광 대표의 유튜브를 시청하기 시작했다. 그때 내게 감동을 준 내용은 김태광 대표가 책을 출간하기 위해 출판사에 원고를 투고하는데 무려 500번의 좌절 끝에 마침내 책을 출간한 내용이었다. 나는 마음이 크게 움직였다. 나도 포기를 모르는 긍정적인 사람이지만 나보다 더 긍정적인 사람이기에 만나보고 싶었다. 그래서 지금 만나러 가는 것이다.

꿈과 긍정의 사람 김태광 대표는 현재는 '한국 책 쓰기 강사 양성 협회(이하 한책협)'을 운영하고 있다. 그리고 김태광 대표는 25년 동안 300권의 책을 집필했다. 12년 동안 1,200명이 넘는 제자들을 교육하고 작가로 양성했다. 참으로 놀라운 기록이다.

더 놀라운 것은 일반 평범한 사람들과 의사, 한의사, 검사, 선생님 등이 김태광 대표에게 코치를 받아서 자신의 이야기를 책으로 쓰고 사회 각계각층에서 성공의 드라마를 쓰고 있다는 것이다. 현재 김태광 대표는 대한민국 최고의 책 쓰기 코치가 돼서 선한 영향력을 대한민국을 넘어 지구촌에 전파하고 있다.

나는 '한책협'에 도착해 반갑게 맞이하는 김태광 대표와 만났다. 나는 목사라 영적인 기운에 민감하게 반응한다. 김태광 대표와 얘기를 나누는 동안 영적인 기운을 느낄 수 있었다. 최고에만 느낄 수 있는 영적인 기운이었다. 이 영적인 기운에 이끌려 나는 책을 쓰기로 했다. 참 오래간만에 느끼는 영적인 기운이라 기분이 좋았다.

사실 나는 글쓰기를 싫어한다. 글을 잘 쓰지 못하기 때문이다. 그런데 김태광 대표에게 코치를 받으면서 글을 쓸 수 있겠다는 자신감이 생겼다. 300권을 집필한 김태광 대표의 글쓰기 기운이 내 잠재의식에 전해진 것 같았다. 참 신기한 일이다.

그렇게 나는 김태광 대표의 최선을 다한 코치에 힘을 얻어 어려운 코로나 시기에 모두에게 꿈과 희망을 주고 싶어서 《잠재의식을 내 편으로 만드는 기술》을 쓰게 됐다. 이 책의 일등 공신인 김태광 대표와 권동희 대표님에게 감사를 드린다. 혹시 여러분 중에 책 쓰기가 목표이거나 버킷리스트에 있다면 대한민국 최고 '한책협'의 꿈과 긍정의 사람 김태광 대표를 추천한다.

내가 아는 '한책협'의 김태광 대표는 과거 가난과 절망에 이어 자살의 유혹, 그리고 책 한 권을 출간하기 위해 출판사로부터 500번의 퇴짜를 겪은 뒤에 드디어 책을 출간한 꿈의 사람이다. 500번의 실패를 하고서도 포기하지 않고, 또 현재의식을 극복하고 마침내 꿈을 이룬 사람이다. 포기를 모르는 긍정적인 사람은 생각대로 사는 사람이고 성공할 수밖에 없다.

"현재의식이 행복하면 잠재의식도 행복하다."

3장

~~~~~~~~~~~~~~~~~

잠재의식은
은행이다

잠재의식은
무자본 창업 사업가

　무자본 창업의 꿈을 현실로 만들어보자. 잠재의식이 가진 힘을 증폭시키기 위한 가장 좋은 방법이 사진이나 글로써 표현하는 것이다. 우리는 사진이나 글로 표현하는 힘을 믿어야 한다. 사진을 찍고 글을 쓰면 그 힘이 사라지지 않는다. 사진과 글에 잠재의식의 능력을 부여하고 그 능력이 사라지지 않도록 액자나 코팅해서 잘 보이는 곳에 붙이거나 걸어 놓는다. 무자본 창업의 목표가 생겼을 때, 현재의식이 첫 번째로 해야 하는 일이다.

　이 방법이 잠재의식의 무자본 창업의 비밀이다. 현재의식이 목표를 세우면 자동으로 생각하게 된다. 그리고 끊임없이 목표를 자극한다. 생각을 끊임없이 자극할 만한 환경을 만들어주면 무엇이든 얻게 된다. 이루고자 하는 목표를 계속해서 보고 입으로 시인하고 말해야 한다. 자주, 많이 할수록 좋다. 명확하고 구체적인 목표를 설계하고 발전시켜야 한다. 잠재의식은 배우고 도전하고 노력하는 사람을 좋아한다. 또 이런 사람에게 희망의 빛을 보내준다. 그리고 이런 사람은 희망의 빛이 들어오면 그냥 지나치지 않는다. 뜨거운 열정으로 희망의 빛을 붙잡는다. 이 열정이 목표를 성취하고 꿈을 이루고 만다.

새벽과 밤을 지배하고 다스릴 줄 아는 사람이 꿈과 목표를 빨리 성취한다. 우리는 새해 첫날 해돋이 구경을 간다. 저마다 꿈과 소원을 가지고 해맞이를 하는 것이다. 아침 일찍 일어나서 해 뜨는 곳으로 가지 않으면 장엄하게 떠오르는 일출을 보지 못한다. 새벽에 일어나지 않는 사람은 장엄하게 떠오르는 일출의 기운을 가슴으로 느끼지 못한다. 새벽에 일찍 일어나는 사람은 여유롭게 하루 업무를 준비할 수가 있다. 또 내가 세운 목표를 자세하게 점검하고 다짐할 수도 있다.

창조주께서 주신 인간의 생체리듬은 새벽에 일찍 일어나고 저녁에 일찍 자는 것이다. 특히 밤 '열 한시'에서 새벽 '두 시'까지의 잠은 건강의 필수요소이고 보약 중에서 보약이다. 현재의식과 잠재의식의 원활한 소통을 위해서는 뇌의 건강이 중요하다. 부자들은 아침에 늦게 일어날 것 같은데, 오히려 일반인보다 일찍 일어나는 비율이 3.5배가량 높다.

현재의 내 모습이 내 삶의 결과이다. 내 생각의 결과이기도 하다. 나는 미래를 알 수 없지만, 미래를 만들 수 있는 능력은 창조주로부터 부여받았다. 이것을 어린아이처럼 믿는 사람들은 그 능력을 받는다. 믿지 않는 사람들은 능력을 받지 못한다. 이런 사람들은 현재의식이 믿는 만큼만 받을 수가 있다.

금괴가 금고 안에 있다. 금괴가 금고 안에 있다고 믿고 열어보는 사람은 금괴를 갖게 된다. 반대로 '금괴는 없을 거야' 하고 열어보는 시도조차 하지 않는 사람은 믿는 그대로 금괴를 가질 수가 없다. 지금 긍정적으로 현재의식을 교정하지 않으면 미래는 바뀌지 않는다. 즉, 생각이 변하면 나도 변하고 미래도 변한다.

잠재의식 안에는 금은보화와 무자본 창업 사업가가 헤아릴 수없이 많다. 밖으로 끄집어내서 사용하기만 하면 된다. 마치 물탱크 안에 있는 물이 수도꼭지만 틀면 나오는 것과 같다. 거기에 수도꼭지만 틀면 물이 나온다는 믿음만 있으면 된다.

내 꿈과 버킷리스트를 상상하고 생각하면 물리적인 힘이 생긴다. 그 상상과 생각이 에너지가 되고 실체를 만들어서 탄생한다. 이 상상과 생각이 창조하는 첫 번째 모습은 내 꿈과 목표를 글로 쓴 것이다. 종이에 쓰인 버킷리스트는 실체가 된다. 눈에 보이기 때문에 존재하는 대상이 된다. 마치 땅에 심은 씨앗이 된 것이다. 모든 것이 현재의식의 상상하고 생각한 결과이다. 내 꿈과 버킷리스트를 생각하지 않고 상상하지 않는다면 절대로 현실에 나타나지 않고 창조되지 않는다.

내 '상상력과 생각'은 차의 '휘발유'와 같다. 차에 휘발유를 주유하면 차가 움직이는 것과 같다. 내가 무자본 창업을 꿈꾸지 않았는데, 무자본 창업을 할 수가 없다. 내가 벤츠를 가지는 목표를 세우지 않았는데, 갑자기 벤츠를 소유할 수는 없다. 내 꿈과 버킷리스트를 상상하고 생각하면, 그 상상과 생각이 에너지가 되고 실체를 만들어서 탄생하는 것이다.

내가 상상하고 생각하고 꿈꾸는 것을 잠재의식의 능력을 통해 보고 싶다면 단순해야 한다. 순수해야 한다. 생각이 단순하고 순수하고 어린아이같이 의심이 없다면, 잠재의식의 능력을 빠르게 경험할 수 있다. 다시 말하면 어린아이 같은 심성으로, 잠재의식에게 글로 쓴 내 꿈과 버킷리스트를 자주 보고 반복해서 고백하고 떼를 쓰는 것이 중요하다. 목표를 성취할 때까지 어린아이 같은 마음으로 잠재의식에게 떼를 써야 한다.

영도 동삼동 삼거리에서 '고려 왕만두'라는 만둣집을 운영할 때의 일이다. 그날도 나는 열심히 만두를 만들고 있었다. 그때 "명철이 아빠, 명철이 교통사고 났어요!" 하는 고함이 들렸다. 나는 깜짝 놀라서 앞치마를 두른 채 소리가 나는 곳으로 달려갔다. 횡단보도에 택시는 멈춰 있고 아들은 보이지 않았다. 나는 심장이 멈추는 것 같았다. 택시 기사는 얼굴이 창백해져서 택시 안에서 내리지도 못하고 겁에 질려 있었다.

나는 사색이 돼 사방을 둘러보고 명철이를 찾았다. 그런데 잠시 후에 아들이 택시 밑에서 기어 나오는 것이었다. 아들은 "아빠. 하나님이 지켜주셨어, 나 하나도 안 다쳤어, 아빠 피도 안 나!" 하고 말하는데, 나는 아들을 꼭 안고 "하나님 감사합니다! 정말 감사합니다!" 했다. 그때서야 택시 기사는 아들이 살아있는 것을 보고 안도의 한숨을 내 쉬고 아들을 살피기 시작했다. 그래도 혹시 몰라서 택시를 타고 병원에 가서 검사받았다. 의사는 교통사고 전후 사정을 듣고, 며칠 경과를 보면서 지켜보자고 했다. 다행히 그 후에도 아픈 증상이 없었다.

아들이 4살 때 겪은 교통사고를 생각하면, 지금도 감사와 감동이 밀려온다. 달리는 택시에 부딪혀서 택시 밑으로 들어갔는데 한 군데도 다친 곳이 없이 무사하다는 사실을 생각만 해도 하나님께 감사하다. 아들의 기적을 눈으로 체험한 것이다.

나는 지금 어린아이의 의심 없는 순수한 믿음을 말하고 싶은 것이다. "아빠, 하나님이 지켜주셨어, 나 하나도 안 다쳤어, 아빠 피도 안 나!" 하고 말하는 순수한 믿음을 지금도 기억하고 있다. 놀라서 울 법도 한데 아들은 울지도 않았다. 나는 지금도 그 사건이 생각이 날 때마다 어린아이 같은 순수한 믿음을 가지려고 노력한다. 어린아이 같은 믿음은, 최우선으로 잠재의식이 무자본 창업의 목표를 성취하게 해주기 때문이다.

오늘날 지구촌에서 사는 사람 중 3%만이 원하는 집에서 살고 있다. 대부분 사람은 그렇게 살지 못한다. 원하는 집에서 살지 못하는 긴 핑

계만 늘어놓는다. 모두 그럴듯한 핑계를 한다. 그중에 공통적인 핑계는 형편이 안 된다는 것이다. 지금 우리는 역사를 통틀어 가장 부유한 시대에 살고 있다. 잠재의식의 능력을 믿고 긍정적 의식을 가지고 실천만 하면 기적을 체험하고 잠재의식이 주는 풍요를 누리고 원하는 집에서 살 수가 있다.

이제 우리는 내가 원하는 목표를 정확하게 설계해야 한다. 설계도가 정확하지 않으면 부실한 집을 짓게 된다. 많은 목표를 세우기보다 완벽한 설계도 하나를 만들어야 한다. 설계도가 완벽하지 않으면 잠재의식은 원하지 않는 것으로 받아들인다. 성공하려면 자신의 꿈과 목표의 설계도가 분명해야 한다. 그리고 완벽한 집을 지어서 내 것으로 만들어야 한다.

단순히 '나는 아파트를 소유하고 싶다' 이렇게 해서는 안 된다. 어떤 동네에 있는 OO브랜드에 몇 평 아파트를 갖고 싶다고 목표를 정했으면, 그 동네에 있는 아파트에 가서 몇 층에 살 것인지 정하고 사진을 찍어서 인쇄하고 집안 곳곳에 붙이고 계속 보면서 소유하고 싶다고 입으로 시인해야 한다. 이내 현재의식이 이것을 받아들여 잠재의식에게 전달하면 잠재의식은 소유할 수 있는 환경을 만들어서 꿈을 이뤄주는 것이다.

이 방법이 잠재의식의 무자본 창업의 비밀이다. 현재의식이 목표를 세우면 자동으로 생각하게 된다. 그리고 끊임없이 아파트 사진을 보고 입으로 시인하면서 목표를 자극해야 한다. 잠재의식을 끊임없이 자극

할 만한 환경을 만들어주면 무엇이든 얻게 된다. 이루고자 하는 목표를 계속해서 보고 입으로 시인하고 말해야 한다. 자주 많이 할수록 좋다. 잠재의식은 배우고 도전하고 노력하는 사람을 좋아한다. 또 이런 사람에게 희망의 빛을 보내준다. 그리고 이런 사람은 희망의 빛이 들어오면, 그냥 지나치지 않는다. 뜨거운 열정으로 희망의 빛을 붙잡아서 목표를 성취하고 꿈을 이루고 만다.

"현재의식이 모든 일에 잠재의식을 인정하면
잠재의식은 우리 꿈의 여정을 현실로 만들어준다."

잠재의식이라는 한국은행에
긍정적인 말을 저축하자

긍정적인 말은 풍요로운 삶을 만드는 창조자이다. 아침 시간에 긍정적인 말로 잠재의식에게 저축해야 한다. 부정적인 말은 입 밖에 내면 안 된다. 잠재의식에게 긍정적인 말을 저축하는 습관은 부자로 가는 지름길이다. 잠재의식에 돈이 아니라 긍정적인 말을 저축하면 시간이 지나면 내가 원하는 삶을 내게 선물한다. 은행의 이자와는 비교도 안 되는 임청난 이자를 내게 주는 것이다.

돈을 벌려면 종잣돈, 즉 자본금이 있어야 한다. 자본금이 있어야 사업을 하든, 주식투자를 하든, 부동산 투자를 할 수 있다. 잠재의식도 자본금이 필요하다. 첫째 자본금이 긍정적인 말이다. 둘째 자본금이 어린아이 같은 순수하고 의심 없는 믿음이다. 우리는 잠재의식이 원하는 자본금을 많이 저축해야 한다. 자본금을 많이 저축하면 내가 원하는 꿈과 목표를 빨리 이룰 수 있다. 잠재의식이 한국은행이라고 굳게 믿어야 한다. 우리는 저축할 때 믿고 신뢰할 수 있는 은행에 저축한다. 잠재의식을 온전히 믿고 신뢰하고 자본금을 저축해야 한다.

내 눈에 보이는 산, 바다, 강, 아파트, 꽃 등 모든 사물은 우리가 인정하고 믿는다. 이처럼 잠재의식의 모든 능력도 믿어야 한다. 신뢰하지 않고 믿지도 않으면서 잠재의식에게 자본금을 저축하면 열매를 맺을 수가 없다. 농부는 씨앗을 심을 때, 의심하지 않고 땅에 심는다. 농부처럼 의심하지 않고 긍정적인 말을 잠재의식에게 심어야 한다. 때가 되면 풍성하게 열매를 수확한다. 뿌린 대로 심고 거두는 것은 잠재의식의 진리이다.

믿음과 두려움, 긍정과 부정은 우리가 볼 수 없지만 존재한다. 믿음이란 보이지 않는 것을 볼 수 있는 능력이다. 그래서 믿음은 창조하는 힘을 가지고 있다. 현재의식에 두려움, 근심, 걱정, 불안이 쌓여 있다면 부정적인 의심이 생겨서 아무것도 이룰 수가 없다. 따라서 긍정적인 말과 의심 없는 믿음으로 잠재의식을 자극(꿈과 목표를 입으로 시인하는 것)해야 한다.

믿음과 두려움, 긍정과 부정은 우리가 볼 수 없지만 존재한다. 믿음이란 보이지 않는 것을 볼 수 있는 능력이다. 그래서 우리는 믿음으로 긍정적인 선포를 해야 한다. 하루에도 몇 번씩 다음과 같이 잠재의식에게 긍정적인 말을 저축해야 한다.

나는 매일 의식이 성장하고 있다.

나는 항상 건강하다.

나는 매일 풍요로워지고 있다.

나는 매일 행복하다.

나는 매일 기쁘고 즐겁다.

나는 생산적이고 좋은 아이디어가 매일 솟아나고 있다.

나는 성공해서 내가 사랑하는 사람을 돕는다.

나는 돈이 많은 것을 감사하고 사랑한다.

나는 지출하는 돈보다 수입이 더 많다.

나는 부유하고 부자가 될 자격이 있다.

나는 잠재의식의 모든 풍요와 행복을 인정하고 받아들이고 사랑
한다.

나는 아이디어가 마르지 않는 무한한 가능성을 가진 사람이다.

나는 나 자신을 좋아하고 존중하며 사랑한다.

나는 나를 사랑하고 존중하는 사람들이 끊이지 않는다.

나는 지금 너무 행복하고 감사하다.

나의 현재의식과 잠재의식이 소통하며 부를 축적하고 있다.

나의 풍요로운 부가 다른 사람을 윤택하게 한다.

나의 아이디어로 돈을 버는 것이 행복하고 기쁘다.

나의 모든 문제는 강물이 흘러가듯이 막힘없이 흘러간다.

나의 모든 일이 풍성하게 열매를 맺었다.

모든 돈이 나를 따라오고 있다.

모든 사람이 나를 따라오고 있다.

내가 좋아하는 긍정적인 성경 말씀이 있다. 누가복음 11장 9절 말씀이다. "내가 또 너희에게 이르노니 구하라, 그러면 너희에게 주실 것이요 찾으라 그러면 찾아낼 것이요 문을 두드리라, 그러면 너희에게 열릴 것이니" 그리고 예레미야 29장 13절은 "너희가 온 마음으로 나를 구하면 나를 찾을 것이요 나를 만나리라"라는 말씀이다. 우리는 온 마음을 다해 입술로 구하고 찾고 두드리면 목표와 꿈을 성취한다.

목표와 꿈은 의심하는 것이 아니라 믿는 것이다. 긍정적인 말을 잠재의식에게 저축하는 것이 믿는 것이다. 우리는 창조주의 자녀들이다. 가난과 저주와 어두움을 물리치는 빛의 자녀들이다. 우리는 잠재의식 안에 있는 하나님의 영광을 나타내기 위해 태어났다. 내가 빛날 때, 다른 사람들도 빛날 수 있도록, 잠재의식은 나를 통해 빛으로 인도한다.

열매는 맺으려면 기다리는 시간이 필요하다. 꿈과 목표를 기다리면서 긍정적인 말을 잠재의식에게 저축해야 한다. 은행에 적금을 들어도 때가 되면 목돈을 찾게 된다. 잠재의식도 때가 되면 가장 좋은 꿈을 성취되게 해준다.

현대그룹의 '고 정주영' 회장의 조선소 일화다. 정주영 회장은 울산의 조선소 부지 백사장 사진을 가지고 영국에 가서 영국에 있는 선주에게 보여주고 "당신이 배를 사주면, 그 계약서를 영국 정부에 보여주고 차관 승인을 받아서 배를 만들어주겠다"라고 했다. 결국 존재하는 조선소 사진이 아니라 그냥 '백사장 사진'만 가지고 배 두 척을 수주한 것이 현대 조선소의 창업의 시작이다.

기적이 일어난 것이다. 말도 안 되는 정주영 회장의 꿈이, 오늘날의 세계 제일의 조선소가 된 것이다. 나는 정주영 회장의 "해보기나 했어?"라는 명언을 좋아한다. 직원들의 부정적인 의견이 나올 때, 포기하려고 할 때, 안 된다고 할 때, 정주영 회장은 "해보기나 했어?"라고 반문했다. 일단 해보라는 뜻이다. 해보고 말하자는 것이다.

우리는 꿈과 목표를 설정했으면 믿음을 가지고, 온 마음을 다해 입술로 구하고 찾고 두드리고 실천하면서 목표와 꿈을 성취해야 한다. 비록 현실은 눈에 보이는 것이 없고, 잡히는 것이 없어도, 잠재의식의 부유하고 풍요로움을 믿으면, 때가 되면 현실이 달라지고 경제적으로 부자가 된다.

우리는 아름나운 금수강산에 태이났다. 그레서 우리의 미래는 기쁘고 행복하다. 어려움이나 슬픔, 고통이 있을 수가 없다. 지금 전 세계는 한류의 영향으로 세계의 사람들이 한국에 여행하러 오는 것을 소원으로 삼는다. 한국에 사는 것이 꿈이 됐다. 한국으로 시집오는 것이 유행이 됐다. 한국의 위상은 예전과 다르게 엄청나게 높아졌다.

손흥민 선수의 아버지 손웅정은 초등학교 때부터 비가 오나 눈이 오나, 더워도 추워도 하루도 안 빠지고 기본기 훈련을 착실하게 시켰다. 그 기본기가 바탕이 돼 오늘의 축구 스타가 됐다. 손흥민은 여러 나라에서 인종차별을 당해도 좌절하지 않고, 묵묵하게 실력을 키워나 갔다. 인종차별을 당하는 모습을 지켜보는 기자들은 아버지에게 "흥 민이가 어느 구단에 가기를 원하느냐"는 질문에, 손흥민의 아버지는 "흥민이가 행복하게 축구를 할 수 있다면 어디서든 축구를 해도 좋다" 고 대답했다. 손흥민 역시 축구를 즐기면서 행복하게 축구를 하려고 한다.

요즘 대한민국 국민은 손흥민 덕분에 행복하고 기쁘다. 손흥민의 인성은 국보급이다. 솔직담백하고, 상대를 배려하고, 항상 성실하고, 긍정적이며 겸손한 손흥민의 태도는 나이와 직업을 떠나서 존경스럽다. 자식 같은 손흥민 선수이지만 대한민국 국민으로 동시대에 살고 있다는 것이 감사하다. 손흥민 선수를 보면 그냥 행복하다.

손흥민은 토트넘에서 득점왕도 하고, 2022년 9월 18일 '토트넘과 레스터'의 새벽 1시 30분 경기에서 후반전에 교체돼 출전하게 됐다. 경기 시간 73분에 1골, 84분에 1골, 86분에 1골, 13분 만에 해트트릭 3 골이라는 경이적인 대 기록을 세웠다. 코로나로 어려움을 겪고 있는 대한민국 국민에게 기쁘고 행복한 큰 선물을 선사했다.

손흥민은 기본기가 탄탄하다. 그리고 항상 노력한다. 실력은 탑클 레스다. 인간관계를 잘한다. 모든 사람이 좋아한다. 겸손하다. 손흥민 은 이렇게 잠재의식에 긍정적인 삶을 저축하고 있다. 우리도 손흥민

처럼 대단하지는 않겠지만, 항상 긍정적인 삶을 잠재의식에게 저축해
야 한다.

"잠재의식과 소통하는 자는
만복을 다 가진 사람이다."

잠재의식에게
생각과 아이디어를 저축하자

우리가 비행기를 갖고 있어도 작동법을 모른다면 비행기가 날 수가 없어서 아무런 쓸모가 없다. 잠재의식의 부도 마찬가지다. 사용법을 모른다면 소용이 없다. 잠재의식의 힘을 소유하는 유일한 조건은 잠재의식을 인식하고 사용하는 것이다.

잠재의식에 생각과 아이디어를 저축하려면 어떻게 해야 할까? 우선 내가 원하고 바라는 것이 무엇인지 알아야 한다. 목표와 꿈을 정했으면 그 분야의 최고의 전문가를 찾아야 한다. 그리고 만나야 한다. 하지만 유명한 사람들은 만나기가 쉽지 않다. 그래서 그분들의 책을 찾아서 그들의 의식을 배워야 한다. 책으로도 부족하다. 그들의 강의 현장을 찾아가서 가까이서 듣고 배워야 한다. 유튜브로도 영상을 반복 시청함으로써 그들의 의식을 공유해야 한다. 그들은 이미 많은 실패를 통해 최고가 됐기 때문에 그들이 한 실패를 우리는 하지 않는 지혜를 얻을 수 있다.

최고 전문가의 의식을 공유하면 가장 유익한 것은 시간을 절약할 수 있다는 점이다. 많게는 몇 년이라는 시간을 절약할 수 있다. 이것을 돈으로 환산하면 결코 적은 돈이 아니다. 우리는 시간이 금이고 돈인 시대에 살고 있다. 이미 검증된 부자들의 의식을 믿어야 한다. 그리고 그들의 책과 강의 유튜브를 통해서 그들의 의식을 느끼고 같이 호흡해야 한다. 이미 최고의 결과를 만들어 낸 그들의 의식과 아이디어를 내 잠재의식에 저축해야 한다.

인생의 참된 성공은 생각하기다. 그 힘은 현재의식이다. 그리고 그 힘의 원천은 잠재의식이다. 잠재의식은 곧 그 존재 자체다. 잠재의식은 고정적이고 불변하며 영원하다. 잠재의식이 곧 나다. 나는 잠재의식이 없이는 살아갈 수가 없다. 잠재의식은 내가 잠재의식을 인정할 때 나는 잠재의식의 힘을 느낄 수 있다.

잠재의식에 생각을 저축하는 것은 내가 원하는 것을, 마음속으로 갖고 싶다고 인정하는 것이다. 이 욕구가 잠재의식의 능력을 불러와서 열매를 맺게 한다. 이 상태가 주도적인 마음이다. 즉, 생각을 창조하는 능력이다. 꿈과 목표와 연결이 돼 현실로 나타나게 된다.

모든 힘의 근원은 잠재의식이다. 나는 이 힘의 에너지가 배출되는 연결통로이다. 현재의식은 힘이 있지만, 잠재의식은 우리의 생각과 자아를 지휘하고 현재의식이 해낼 수 없는 어려운 일까지 해낸다. 잠재의식의 능력은 놀랍고 신기하다. 내게 아이디어를 주고, 경고하기도 하고, 내 삶의 기억 창고에서 추억의 사실을 꺼내어서 내게 전해준다.

현재의식은 천국(잠재의식)에 들어가는 문을 지키는 문지기와 같다. 우유부단은 습관이다. 원하는 걸 추구하라. 마음속에 있는 것의 이미지를 기억해라. 타협하지 말고 원하는 것을 밀고 나가라. 결단을 믿어라. 결단하는 것을 습관으로 만들고 앞으로 나아가라.

내가 원하는 것을 생각하면 잠재의식은 반응하기 시작한다. 내 생각과 아이디어를 잠재의식에 저축하는 것은 잠재의식에 각인시키는 것 같다. 마치 은행 통장에 저축하면 금액이 적히는 것과 같다. 그래서 내 생각과 아이디어를 잠재의식에 저축하는 것은, 은행의 통장 잔액이 늘어나는 것과 같다. 내 생각이 아이디어에 온전히 집중하면, 잠재의식은 현실에서 풍요의 열매를 가져다준다.

부자가 되고 싶으면 부자를 가까이해야 한다. 금광에 가야 금을 캘 수 있다. 내가 원하는 것이 있으면, 그것을 소유하기 위해서는 물건이 있는 곳으로 가야 한다. 그래야 소유할 수가 있다. 생선이 필요한데 산에 가서 찾으면 절대 찾을 수가 없다. 바다로 가야만 생선을 찾을 수 있다.

잠재의식 안에 내가 생각한 상상의 아이디어를 계속 저축해야 한다. 상상의 아이디어를 저축하면 돈이 돼서 돌아온다. 내가 생각한 상상은 생명력이 되고 창조돼서 탄생한다. 잠재의식에게 저축할 때는 자세하고 선명하고 정확하게 하는 것이 좋다. "막연하게 부자가 되고 싶다" 이렇게 해서는 안 된다. 부자가 되고 싶다고 생각했으면 내가 생각하는 부자의 기준이 얼마인지 정확하게 생각해야 한다. 우리가 은행에 가서 저축할 때 정확하게 얼마를 저축할지 계산하고 돈을 저축하는 것과 같다.

내가 생각하는 나의 부자의 기준이 10억이면 10억에 맞는 계획을 잠재의식에게 저축해야 한다. 그리고 몇 년 안에 10억 목표를 달성할 것인지 정확하게 잠재의식에게 전달해야 한다. '언젠가는 부자가 되겠지?' 이렇게 하면 안 된다. '3년 안에, 5년 안에 부자가 될 거야' 이렇게 정확하게 해야 한다. 은행에 적금을 들어도 적금 만기가 정확하게 정해져 있다. 목표 기한이 정해졌으면 10억을 어떻게 벌 것인지 생각하고 상상해야 한다.

이렇게 하는 이유는 나는 10억 부자가 된다고 했는데, 10년 안에 목표를 달성할 것인지, 20년 만에 목표를 달성할 것인지, 정확하지 않으면 잠재의식은 돈이 급하지 않은 것으로 생각하고 관심을 안 가지기 때문이다.

예를 들어 목표를 3년으로 설정했으면 '나는 3년 안에 10억 부자가 된다' 하고 잠재의식에게 계속 말해야 한다. 그리고 현금 10억을 가진 자신 모습을 생각하고 상상해서 시각화하고 잠재의식에게 계속 '3년 안에 10억 부자가 된다' 하고 하루에 100번 이상 잠재의식에게 고백해야 한다. 의심하면 안 된다. 부자가 된 것처럼 말하고 행동해야 한다.

큰 목표를 정했으면 이제 세부적으로 접근해야 한다. 6개월의 목표, 1년의 목표, 1년 6개월의 목표, 2년의 목표, 2년 6개월의 목표를 세워야 한다. 더 자세하게 접근하면 '10억 목표를 위해서 나는 오늘 하루 무엇을 할 것인가?'를 생각하면 잠재의식은 내가 진심인 것을 알고 활동하기 시작한다. 내 생각이 바뀌고, 환경이 바뀌고 목표로 가는 길이 열리는 것이다. 그리고 나는 믿음을 가지고 실천하면 된다.

목표는 크게 가지고 마음의 무게는 가볍게 해야 한다, 마음이 무거우면 목표도 무거워지게 된다. 목표를 정했으면 긍정적인 말을 사용해야 한다. 부정적인 말과 생각은 마이너스 통장과도 같다. 목표 달성의 도움이 안 된다. 목표를 향해 달려갈 때 반드시 고난이 온다. 부정적인 의식은 '어떻게 네가 10억을 모을 건데? 말이 되는 소리를 해라, 송충이는 솔잎을 먹고 살아야 한다. 주제 파악을 해라' 하고 부정적인 생각을 불어넣는다. 이때 부정적인 생각을 다 잠재의식의 '소멸의 방'으로 던져버려야 한다. '소멸의 방'은 잠재의식 안에 모든 '부정적인 것'을 소멸하는 공간이다. 여러분도 나처럼 생각하고 '소멸의 방'을 만들기 바란다.

우리가 목표를 세우고도 중간에 쉽게 포기하는 이유가 부정적인 생각과 말 때문이다. 하루에도 몇 번씩 부정적인 생각이 탄생한다. 그냥 내버려 두면 안 된다. 즉시 '소멸의 방'으로 넣어버려야 한다. 이 의식훈련을 견고하게 해야 한다. 이 의식훈련이 잘돼있으면 목표를 달성하는 지름길이 돼서 시간 단축을 할 수 있다. 이 의식훈련이 클수록 잠재의식과 소통이 잘 된다.

우리가 목표를 시각화해서 외치고 확언할 때, 부정적인 생각과 말은 반드시 밀려온다. 적을 알고 있어야 물리칠 수 있다. 항상 긍정적인 의식으로 대비하고 있어야 한다. 사람은 생체리듬에 따라 시간마다 에너지가 긍정과 부정으로 반복된다. 아침에 일어날 때는 긍정적인 에너지가 강하지만, 오전 10시가 되면 부정적인 에너지가 강해진다. 사람의 생각도 이와 같다. 긍정과 부정이 항상 반복되는 것이다. 이러한 생체리듬의 시간을 잘 이해하고 부정적인 생각이 생길 때 즉시 소멸의 방으로 보내야 한다.

우리는 삶의 모든 시간을 긍정적인 생각과 상상을 잠재의식에게 저축해야 한다. 즉, 잠재의식에게 계속해서 신선한 재료를 배달해야 한다. 그러면 잠재의식은 요리를 만들어서 우리에게 제공한다. 잠재의식이 우리에게 풍요를 가져다주는 것이다.

> "잠재의식 오른쪽 손에는 '장수'가 있고,
> 왼편 손에는 '부귀영화'가 있다."

잠재의식에게
버킷리스트를 저축하자

예전에 '버킷리스트'라는 영화가 나오면서 버킷리스트 쓰기 유행이
된 적이 있다. 내가 죽기 전에 하고 싶은 일을 쓰는 게 버킷리스트다.
마음먹고 버킷리스트를 쓰려고 하면 쉽지 않다. 그리고 버킷리스트를
작성한 후에는 한눈에 보기에 좋아야 한다. 버킷리스트를 어떻게 하면
좀 더 행복하게 잠재의식에게 저축을 할 수 있을까를 생각해야 한다.
잠재의식을 의심해서는 안 된다. 어린아이가 순수하게 저금통에 저축
하는 것처럼 해야 한다. 어린아이들이 저금통에 돈이 차곡차곡 쌓이는
것을 보고 즐거워하는 것처럼 똑같이 즐거워해야 한다. 버킷리스트를
쓸 때는 충분한 시간을 두고 써야 한다. 내가 하고 싶은 것, 가고 싶은
곳, 갖고 싶은 것을 분류해서 쓰면 한눈에 들어온다.

먼저 가족과 함께하고 싶은 것을 쓰면 버킷리스트가 명확해지고 책

임감도 생기고 동기부여도 된다. 다음 몇 가지를 예로 들어보았다. 여러분은 나만의 버킷리스트를 더 알차게 잘 적을 수 있다. 그렇다고 버킷리스트를 너무 많이 쓰면 지쳐서 포기하고 만다. 내가 할 수 있는 쉬운 것부터 시작하면서 점차로 늘려가면 좋겠다.

가족과 하고 싶은 것
가족과 함께 1년에 한 번 전국 여행하기
가족과 3년 안에 크루즈 여행하기
가족과 함께 세계여행하기
가족과 캠핑하기
가족 생일 기념일에 특별한 이벤트 해주기
가족과 한라산 등반하기
가족과 함께 제주도 한 달 살아보기
가족과 함께 개인 책 출간하기
아내와 건강검진 같이하기
가족과 함께 버킷리스트 만들어서 10년 후에 찾아보기

갖고 싶은 것, 이루고 싶은 꿈은 신중하게 생각해야 한다. 부를 만들어 가는 계획서와도 같아서 설계를 잘해야 한다. 1년 계획, 3년 계획, 5년 계획을 쓰면 좋다.

갖고 싶은 것, 이루고 싶은 꿈

유튜브 만들기

월매출 일억 원 만들기

일 년에 책 한 권씩 출간하기

네이버 블로그 만들기

인스타그램 만들기

네이버 카페 업그레이드하기

쿠팡, 옥션, 인터넷 판매하기

홈쇼핑 판매하기

지구촌 전인 치유센터 설립하기

월 2회 재능 기부하기

지구촌 메신저 되기

베스트셀러 작가 되기

생체리듬 마사지 제자 만 명 양육하기

개인적으로 하고 싶은 것은 내게 선물을 주는 것이다. 오직 나를 격려하고, 칭찬하고, 상을 주는 것이다. 나만의 힐링 시간을 계획하고 만들어야 한다. 나를 존귀하게 여기는 나만의 시간을 만들어야 한다.

개인적으로 하고 싶은 것

여행하면서 책 한 권 쓰기

크루즈 세계 여행하기

의식 성장 연구하기

해기사 면허증 취득하기 (소형선박 조종사)

울릉도 낚시 여행하기

일주일에 한 번 맛집 가기

새로운 음식 개발하기

건강관리 버킷리스트는 가장 중요하다. 내 부와 꿈도 소중하지만, 나의 건강은 무엇보다 중요하다. 건강하지 못하면 반쪽짜리 성공이 된다. '어떻게 하면 건강한 몸을 유지할 수 있을까?' 에 최선을 다해야 한다. 연구하고 배우고 관리해서 최상의 컨디션을 만들어야 한다.

건강관리

몸무게 유지할 것

과식 폭식하지 말 것

7시 이후 금식할 것

잠은 밤 11시에 잘 것

새벽 6시에 기상할 것

운동은 1시간 이상 할 것

지금보다 더 잘 살기 위한 '나만의 향기 뿌리기' 작업도 필요하다.

나만의 향기 뿌리기

하루 한 번 선행하기

하루 5번 양보하기

하루 3번 소리 내어 크게 웃기

하루 100번 감사하기

하루 100번 잠재의식에게 '버킷리스트' 보고하기

이렇게 버킷리스트 작성이 끝났으면, A4 용지 한 장에 인쇄해서 코팅하거나 액자에 넣어서 집안 곳곳에 걸어둔다. 그리고 핸드폰으로 찍어서 저장하고, 의식적으로 시간을 내서 수시로 버킷리스트를 보고 소리 내어 읽는다. 버킷리스트를 한번 볼 때마다 잠재의식에게 한 번 저축하는 것이다. 저금통에 동전이 들어가는 것이다. 그리고 저금통에 차곡차곡 쌓인다. 저금통이 다 차면 버킷리스트는 하나씩 밖으로 모습을 드러낸다. 꿈이 이뤄지는 것이다.

요즘 버킷리스트 100개 쓰기가 유행이다. 좋은 일이다. 하지만 버킷리스트를 작성하고 내가 이뤄 간다고 생각하면 엄청난 스트레스를 받는다. 결국엔 포기하고 만다. 그런데 버킷리스트는 우리가 이루는 것이 아니다. 잠재의식이 이뤄주는 것이다. 그래서 잠재의식에게 저축을 하는 것이다. 버킷리스트 100개 쓰기는 '현재의식'이 이루는 것이고, 우리는 '잠재의식'이 이뤄주도록 잠재의식에게 저축을 하는 것이다. 이 뜻을 이해를 잘해야 한다. 잠재의식에게 저축을 하는 것은 스트레스를 받지 않는다. 저축은 희망과 꿈이며 즐겁고 행복한 일이기 때문이다.

버킷리스트를 이루고 싶다면 먼저 행복한 사람이 돼야 한다. 저금통이 가득 차야 한다. 저금통은 행복이다. 다시 말하자면 잠재의식은 저금통이고 행복이다. 내가 곧 잠재의식이다. 즉, 잠재의식에 저축한 돈을 도장 찍고 찾아서 쓰는 것이다. 우리 마음에는 잠재의식이라는 거대한 슈퍼은행이 있다. 성공하는 인생을 살고 싶다면 거대한 슈퍼은행의 금고를 열어야 한다. 금고의 열쇠는 나의 '버킷리스트'다.

"잠재의식을 높이라. 그러하면 잠재의식은
현재의식을 높여준다. 잠재의식과 소통하라.
그러면 금고가 열린다."

잠재의식에게
행복과 건강과 부를 저축하자

나는 평소에 행복하게 열심히 일한다. 최선을 다해 즐기면서 노력한다. 그리고 가끔 내게 칭찬도 하고 상을 준다. 영화를 보기도 하고, 연극을 관람하기도 하고, 맛집을 가기도 하고, 볼링을 치기도 하고, 낚시를 가기도 한다. 그중 특별상은 제주도 낚시 여행이다. 특별상으로 제주도 낚시 여행을 갈 때 행복한 추억이 쌓인다. 일단 일정이 정해지면 그때부터는 행복하다. 먼저 비행기표를 예매하고 렌터카를 예약한다. 숙소는 그날 일정에 따라 현장에서 해결한다. 나의 힐링 시간은 보통 3박 4일, 길게는 6박 7일이다. 놀 때는 즐겁게 행복하게 최선을 다해서 즐기자는 주의다.

출발 전 준비는 낚시 장비부터 점검한다. 낚싯대 3개, 낚시 릴 3개, 낚시 뜰채, 낚싯바늘, 밑밥 통 등 며칠 동안 짐을 챙기고 점검한다. 그런데도 막상 낚시를 시작하면 빠뜨린 장비가 있다. "내가 낚시 장비를 다 챙겨서 낚시하는 날이 낚시 은퇴하는 날이다" 하고 혼자 말하고 미소를 짓는다. 아내는 내가 낚시 가방을 챙기고 있으면 "어이구~ 또 낚시 간다"라고 밉지 않은 잔소리를 하지만, 즐겁게 잘 다녀오라는 아내가 항상 고맙다.

드디어 출발 당일 낚시 짐에 개인 가방에 짐이 만만찮다. 차에 차곡차곡 실어서 김해공항으로 출발한다. 단골 주차장에 가면 사장님은 "이번에 며칠이세요?" 하면서 반갑게 맞아준다. 차를 맡기고 주차장 셔틀버스를 타고 공항으로 간다. 비행기 수속을 마치고 탑승 시간만 기다린다. 새벽부터 일어나서 준비하고 공항까지 오느라 피곤했지만 즐겁고 행복하다. 그냥 좋다. 몸에 엔도르핀이 넘쳐난다.

시간은 오전 9시 출발해서 제주도 공항에 도착하고 짐을 찾으니까 10시 30분이다. 렌터카를 찾아서 제주도 공항 근처 단골 맛집에 간다. 이 식당은 제주도민들이 많이 가는 곰탕집이다. 푹 곤 사골국에 맛있는 고기도 듬뿍 넣어준다. 기본 30분에서 한 시간은 기다려야 먹을 수 있는 맛집이다. 나는 맛있게 한 그릇 맛있게 먹고 다음 목적지로 향한다. 목적지는 '용머리 해안'이다. '용머리 해안'은 유명 관광지이기도 하다. '용머리 해안' 주차장에 도착해서 낚시 가방과 쿨러통 그리고 밑밥통을 들고 1.5킬로를 걸어가야 한다. 매표소에서 입장권을 구매하고 드디어 갯바위에 도착했다.

이때 기분과 설렘은 첫 데이트 하는 느낌이다. 탁 트인 바다, 맑은 공기, 적당한 바람 모든 것이 완벽하다. 근심, 걱정, 불안, 염려가 없다. 그냥 좋고 행복하다. 내가 좋아하는 일을 하고 있기 때문이다. 오늘의 대상 어종은 뱅에돔이다. 낚싯바늘에 새우를 먹음직스럽게 끼우고, 포인트를 향해 힘차게 던졌다. 이어서 준비된 고기 밑밥을 낚싯바늘이 있는 곳으로 3번 멋있게 던졌다. 순간 낚싯줄이 물속으로 쑥 들어간다. 나는 재빠르게 챔질하고 줄을 힘차게 감는다. 낚싯대를 통해서 제법 묵직한 느낌이 전해진다. 릴을 계속 감지만 쉽게 딸려오지 않는다. 난 순간적으로 4짜(40㎝) 이상이라는 감이 왔다. 줄을 감을수록 긴장감이 돌았다. 고기가 쉽게 딸려오지 않아서 낚싯줄이 터질 것 같았기 때문이다. 이때의 긴장감은 청룡 열차를 타는 것보다 더 박진감이 넘친다. 머릿속이 복잡하다. '힘으로 제압할까? 천천히 달래서 끌어낼까?' 생각보다 큰 고기라 내가 사용하는 줄이 큰 고기를 잡기에는 약한 줄이기 때문이다.

주위에는 이미 많은 관광객이 몰려와 구경하고 있었다. 나는 낚싯대의 무게감을 느끼고 천천히 달래서 고기를 잡기로 했다. 고기가 몸부림칠 때마다 줄이 끊어질 듯 움찔움찔한다. 고기가 물속 바위틈새로 안 들어가길 바랄 뿐이다. 나는 모처럼의 손맛을 느끼는 긴장감이 좋았다. 고기와 힘겨루기는 정말 좋다. 머리끝에서 발끝까지 세포 하나하나가 다 살아나는 느낌이다.

"오늘 뱅에돔 기록을 경신해보자!" 얼굴에 기쁨의 미소도 솟아오른다. 주위 구경꾼들이 훈수를 두기 시작한다. "더 빨리 감으세요", "낚싯대를 더 세우세요", "천천히 감으세요", 어떤 사람은 낚시 뜰채를 들고 고기를 건져올 릴 준비를 하고 있다. 이 사람들은 다 낚시를 좋아하고 낚시 경험이 있는 사람들이다.

잠시 후 드디어 벵에돔이 보이기 시작한다. 나는 보는 순간 나는 5짜(50㎝) 이상이라는 감이 왔다. 순간 더 흥분하기 시작했다. '침착하자, 끝까지 차분하게 긴장을 유지하자'라는 생각을 하는 사이 뜰채를 들고 있는 분이 빠르게 벵에돔을 건져줬다. 사람들이 함성을 지른다. "와! 대박이다. 이렇게 큰 벵에돔 처음 본다", 구경꾼들은 "축하합니다!" 하고 축하를 해준다.

"응원해주셔서 감사합니다!"라고 말하고 고기 사이즈를 재어보니 52㎝이다. 나의 벵에돔 최고 기록은 45㎝인데, 그 기록을 경신한 것이다. 낚시꾼들의 기록경신은 금메달을 따는 것과 같다. 기분이 좋다. 행복하다. 그리고 짜릿한 손맛의 여운이 감동으로 밀려온다.

나는 잠재의식 안에 있는 이 날의 행복한 추억 때문에 제주도를 자주 가는 것 같다. 내가 좋아하는 일은 지치지 않는다. 즐겁고 행복하다. 새로운 아이디어가 계속 떠오른다. 사업이든 직장이든 내가 좋아하는 분야에서 즐겁고 행복하게 일할 수 있으면 큰 축복이다. 나는 무슨 일을 하든 즐겁고 행복하게 하려고 한다. 그리고 긍정적으로 일을 추진한다. 의식적으로 이렇게 하는 이유는 잠재의식에게 행복과 건강과 부를 저축하는 것이기 때문이다.

잠재의식은 내가 행복하고 기뻐하면 좋아한다. 어쩌지 못해 하는 일이라도 내가 해야 한다면 의식을 바꿔서 긍정적으로 행복하게 해야 한다. 만약 그렇게 하지 못한다면 그 일은 그만두는 게 좋다. 억지로 하는 일은 모든 게 부정적이다. 부정적으로 하는 일은 성공하지 못한다. 내 잠재의식에 부정적인 일을 기억시키면 안 된다. 잠재의식은 행복은 행복으로 내게 돌려준다. 부정은 불행으로 돌려준다.

우리가 가고 싶은 곳이 천국이라면 천국 시민의 생각을 가져야 한다. 우리는 모두 다 양심을 가지고 있다. 양심은 남은 속일 수 있지만, 자기 자신은 속일 수가 없다. 그래서 양심인 것이다. 선한 양심의 특징은 행복과 기쁨 그리고 긍정적인 의식이다. 그래서 평소 크고 작은 일에 이것을 마음에 품고 생활해야 한다. 아침에 눈 뜨면 행복과 기쁨 그리고 긍정적인 의식을 먼저 생각하고 감사하면서 일을 시작해야 한다. 첫 데이트 하는 기분으로, 설레는 기대로 가득 차야 한다. 그러면 잠재의식에 행복과 기쁨 그리고 긍정적 의식을 저축하는 것이다.

긍정적인 의식을 가지지 못하면 부를 저축할 수가 없다. 긍정적인 의식은 "하면 된다, 할 수 있다, 마침내 하고 말 거야"라는 생산적인 말이기 때문에 열매를 맺을 수 있다. 부정적인 의식은 "안돼, 못해, 할 수 없어, 해봐야 안 될 거야"라는 말처럼 안되니까 열매를 맺을 수가 없다. 따라서 긍정적인 의식은 잠재의식에게 부를 저축하는 것이다.

내가 행복하고 긍정적인 의식을 소유하고 있으면, 건강은 선물이다. 사람이 행복감을 느끼면 신체의 생체리듬은 최상의 컨디션을 만들어준다. 즉, 혈액이 뇌와 몸에 자유롭게 이동해서 신체의 면역력을 높여주기 때문에 건강한 몸을 유지할 수 있다. 따라서 긍정적인 의식이 건강을 잠재의식에게 저축하는 것이다.

나는 고기를 잡으면 바로 회로 요리해서 먹는다. 갯바위에서 갓 잡은 뱅에돔을 비늘을 벗겨내고 회를 뜨는 즐거움은 세상을 다 가진 거 같다. 회를 뜨면 벌써 입안에 침이 고인다. 집에서 준비해온 고추냉이와 간장, 초고추장과 쌈장, 그리고 마늘을 준비한다. 이제 먹기만 하면 된다. 뱅에돔이 커서 회 양이 많다. 뜰채로 고기를 건져내 주신 분은 내가 회 뜨는 것을 보고, "와~ 회도 잘 뜨시네요?" 하면서 자리를 지키고 있다. 회 맛을 아시는 분이다. 52㎝가 되는 뱅에돔을 먹을 기회는 평생에 한두 번이다.

어느새 구경꾼이 몰려와 있다. 해산물을 파는 해녀도 "이거는 꼭 먹어야지~" 하면서 다가왔다. 나는 "젓가락은 없으니까 드시고 싶은 분은 집어서 맛보세요" 하면서 웃었다. 나는 먼저 뱅에돔 뱃살을 한점 집어서 초고추장에 찍어서 입에 넣었다. 쫀득한 감칠맛이 입안에 퍼지는데 환상적이다. 고기가 달다. 씹는 맛과 쫀득한 감칠맛이 끝내준다. 여기저기서 맛있다고 난리다. 여태까지 먹어본 회 중에 최고로 맛있다고 해녀도 맛을 자랑한다. 그렇게 모인 사람들이 행복해하는 모습을 보니, 나도 행복하고 기쁘고 즐거웠다. 제주도 용머리 해안의 갯바위 추억을, 내 잠재의식은 내가 보고 싶을 때 언제든 보여준다.

"잠재의식은 황금보다 낫다.
내가 원하는 모든 귀중한 것을
잠재의식은 가지고 있다."

4장

잠재의식을
내 편으로 만들면
나는 이미 큰 부자

잠재의식이
좋아하는 것은 뭘까?

30살 때 나는 무엇을 하고 있었을까? 잠재의식의 기억을 소환해본다. 영도 동삼동 삼거리에서 '고려 왕만두'라는 만둣집을 운영했다. 겨울이라 만두가 잘 팔린다. 아침 일찍부터 준비하느라 분주하다.

고기만두에 들어가는 '만두 속'을 만드는 순서를 잠시 공개해본다.

1. 대파 2단, 양파 6개, 부추 1단을 다듬어서 물에 씻어 채반에 올려서 물기를 뺀다.
2. '말린 무'를 4kg을 삶아서 칼로 다져서 잘게 썰어 탈수기에 넣어서 물기를 빼놓는다.
3. 다듬어 놓은 채소를 썰어서 준비한다.
4. 당면 500g을 삶아서 잘게 썰어놓는다.

5. 다음은 양념을 준비한다. 마늘 100g, 설탕 100g, 다시다 30g, 식용유 20g, 참기름 30g, 소주 1컵, 간장 150g, 깨 1컵, 후추 15g, 생강 30g, 돼지고기 10근, 비게 5근, 이제 큰 대야에 양념과 고기를 넣고 골고루 잘 버무려준다. 그리고 무를 넣고 버무린다. 그다음은 당면을 넣고 버무린다. 마지막으로 채소를 넣고 잘 버무려주면 고기만두 속이 완성된다.

김치만두 속도 재료가 좀 다르지만 비슷한 과정으로 만든다. '만두 속' 준비가 끝나면, 이어서 만두 반죽을 만든다. 중력 밀가루에 설탕, 이스트, 베이킹파우더, 소금을 넣고 반죽한다. 이렇게 열심히 준비가 끝나면 10시 30분 정도가 된다. 열심히 준비하느라 배고프다. 아침을 맛있게 먹고 본격적으로 만두를 만들기 시작한다. 고려 왕만두의 주메뉴는 '고기 왕만두'와 '김치만두'다. 보조메뉴는 떡볶이, 김밥, 순대, 어묵이다.

내가 이렇게 재료를 자세하게 정확하게 쓰는 이유는, 정확한 비율이 음식의 맛을 한층 더 맛있게 하기 때문이다. 그리고 재료 하나하나에 정성을 다해서 준비하면 결과가 좋기 때문이다. 즉, 우리의 꿈과 목표 그리고 버킷리스트를 아주 자세하게 잠재의식에게 보고해야 열매를 빨리 맺을 수 있다. 자세하고 정확할수록 잠재의식은 진심으로 받아들인다. 잠재의식이 진심으로 받아들이면, 우리는 꿈과 목표 버킷리스트의 풍요를 누리기만 하면 된다.

만두를 만들기 시작하면 손님들이 기다리기 시작한다. 눈앞에서 만드는 수제 만두는 손님들의 침샘을 심하게 자극한다. 만두 한 개, 한 개를 정성껏 모양을 만들어서 물이 펄펄 끓는 솥에 넣어서 12분간 찐다. 갓 쪄낸 만두는 손님 테이블에 옮겨지고, 손님들은 맛있다고 엄지손가락을 치켜세운다. "소문 듣고 왔는데, 정말 맛있네요!", "제대로 된 만두 맛보고 갑니다. 다음에 또 올게요!" 한다. 그러면 나는 "감사합니다. 또 오세요!"라고 인사한다.

밖에서 기다리는 손님 몇 분이 포장해가면 만두는 이내 사라진다. 나는 쉴 틈도 없이 계속 만두를 만들어 낸다. 손님이 계속 몰려온다. 아내와 난 정신없이 손님을 맞이한다. 하루에 12시간 종일 서서 장사를 끝내고 나면 녹초가 된다. 하지만 영업을 마치고 매출을 계산할 때는 힘든 피로가 싹 사라진다. 돈 버는 재미가 좋다. 이대로만 쭉 나가면 금방 부자가 될 것 같다. 27년 전의 잠재의식의 이 기억을 나는 참 좋아한다. 내가 좋아하니까, 잠재의식도 좋아한다. 내가 좋아하는 모든 기억은 잠재의식도 모두 좋아한다.

어느 날 밤에 동삼동 바닷가에서 운동하고, 집으로 돌아가는 중이었다. 갑자기 소변이 마려워 버스 종점 화장실에 가서 소변을 보고 나오다가 발을 헛디뎠다. 버스 수리하는 웅덩이에 떨어지면서 시멘트 모서리에 왼쪽 갈비뼈를 부딪쳤는데 숨을 쉴 수가 없었다. 죽을 것만 같았다. 한동안 가슴을 부여잡고 꼼짝을 할 수가 없었다. 숨을 못 쉬면

죽는 느낌이 어떤 것인지 확실하게 경험하는 순간이었다. 겨우 웅덩이에서 기어 나와 지나가는 사람의 도움을 받아 119를 불러서 병원에 갔다. 의사 선생님이 사고의 경위를 듣고 엑스레이를 찍자고 하셨다. 나는 계속 숨을 쉴 수가 없었고 갈비뼈 통증이 심했다. 한참 후에 엑스레이 결과가 나왔는데, 의사 선생님은 갈비뼈에 금이 갔다고 하셨다. 몸통 보호대를 하고 푹 쉬면 된다고 하셨다. 아침에 만두를 만들어 장사해야 하는데, 갈비뼈를 다쳐서 꼼짝을 할 수가 없게 된 것이다. 마음이 편치 않았다. 기분이 안 좋았고 스트레스가 밀려왔다.

잠재의식은 이 기억을 좋아할까, 싫어할까, 안타깝게도 잠재의식은 내가 싫어하는 기억도 좋아한다. 그렇다. 잠재의식은 내가 싫어하는 것도, 좋아하는 것도 구분하지 않고 다 좋아하는 것이 문제다. 그래서 우리는 잠재의식에게 주문하는 법을 배워야 한다. 예를 들면, 중국집에 가서 탕수육을 시키면 탕수육이 정확하게 나온다. 탕수육을 주문했는데 짜장면이 나오지는 않는다. 이처럼 우리는 잠재의식에게 우리가 좋아하고, 갖고 싶은 것을 정확하게 주문하면 되는 것이다.

현재의식이 짜장면을 먹고 싶다고 결성하면 잠재의식은 요리할 준비를 하고 만들어 낸다. 중국집에 가서 짜장면을 주문해놓고 기다리기만 하면 된다. 아무도 짜장면이 나오지 않는다고 생각을 안 한다. 기다리기만 하면 잠재의식은 내가 주문한 짜장면을 가져다준다.

우리는 신선하고 질 좋은 재료를 평소에 잠재의식에게 저축을 많이

해야 한다. 만두를 만들 때도 신선하고 질 좋은 재료를 가지고, 만들면 만두의 맛이 정말 좋다. 긍정적이고 감동적인 질 좋은 재료를 잠재의식에게 저축해야 한다. 질 좋은 재료는 어린아이같이 기뻐하고 즐거워하는 순수한 믿음이다.

잠재의식은 긍정이든 부정이든 내가 진실이라고 생각하는 것은 다 좋아한다. 그래서 의식을 교정해 진취적이고 생산적인 생각과 일을 잠재의식에게 저축해야 한다. 우리는 하루에도 몇 번씩 부정적인 생각과 상상을 한다. 생기지도 않는 일들을 상상해서 스스로 두려움과 공포를 잠재의식에게 저축하고 있다.

예를 들면, 미운 사람에게 복수하는 상상을 한다. '아, ○○놈 교통사고나 나버려라, 사업이 폭삭 망해 버려라' 등의 상상을 한다. 이런 상상하는 동안에도 기분이 좋아지지 않는다. 오히려 기분이 더 안 좋다. 내 안에 있는 긍정적인 에너지마저 줄어든다. 이러한 일들은 의식적으로 생각을 하지 말아야 한다.

반대로 부자가 되는 상상, 대통령상을 받는 상상, 내가 좋아하는 연예인과 차를 마시는 상상, 타고 싶은 차를 타는 상상, 어려운 사람을 즐겁게 도와주는 상상은 생각만 해도 행복하고 즐겁다. 현재의식의 자가용을 타고 비포장도로로 달려갈 것인가? 아니면 고속도로로 달릴 것인가? 선택은 항상 내게 있다. 잠재의식은 모두 다 받아들일 준비가 돼있다.

현재의식의 지나친 긴장감은 마음을 불안하게 하고 걱정과 불안 그리고 두려움을 불러온다. 이럴 때 즐거운 상상을 즉시로 소환해야 한다. 항상 즐거운 상상을 할 이야기를 다양하게 준비해놓아야 한다. 불안과 공포 두려움이 몰려올 때, 즉시로 즐거운 상상으로 대체해서 바꿔야 한다. 잠재의식에게 불안과 공포 두려움을 저축하게 해서는 안된다. 즐겁고 행복한 상상을 잠재의식에게 저축하는 사람이, 결국에는 성공할 수밖에 없는 지혜로운 사람이 된다.

잠재의식의 집을 짓는 재료는 우리가 하는 생각이다. 긍정이든 부정이든 우리가 품은 생각이 잠재의식이 집을 짓는 재료가 되는 것이다. 긍정적인 생각은 집을 튼튼하게 하지만, 부정적인 생각은 부실 공사로 집을 짓는 것이다.

나는 우리 마음의 97% 이상이 잠재의식이라고 생각한다. 어쩌면 99%로 이상일 수도 있다. 잠재의식의 크기는 깊고, 넓고, 높고, 크다. 비교하자면 우주와 같다고 할 수 있다. 우리는 잠재의식을 단 1%로만 가져다 써도 엄청나게 풍요로운 생활을 누릴 수 있다. 따라서 긍정적인 상상을 잠새의식에게 저축하는 것은 성공과 부를 가져오는 것이다.

삼성 이건희 회장의 어록 가운데 명언 중의 명언이 있다. "자신의 영혼을 위해 투자하라. 투명한 영혼은 천 년 앞을 내다본다." 나는 이글을 보면서 감동과 충격을 동시에 느꼈다. 나는 이 말을 이렇게 해석해보았다. "잠재의식에 투자하라. 천년의 풍요와 행복을 누릴 수 있다."

이건희 회장의 어록 가운데 이런 말도 있다. "적극적인 언어를 사용하라. 부정적인 언어는 복 나가는 언어다." 그렇다. 우리는 긍정적인 말을 하고 부정적인 말은 하지 말아야 한다.

잠재의식은 내가 좋아하는 것을 좋아한다. 그리고 잠재의식은 내가 싫어하는 것도 좋아한다. 우리는 잠재의식을 바꿀 수는 없지만, 내가 원하는 것은 잠재의식에게 주문을 할 수 있다는 것을 분명히 기억해야 한다.

"잠재의식의 집을 해롭게 하는 자는
모든 재물이 바람처럼 사라진다."

잠이 들 때 잠재의식에게
고백하면 효과 100%

일요일 밤 10시 40분에 집을 나선다. 김해 장유에 있는 간이터미널에서 서울로 가는 야간 우등고속버스를 기다리고 있다. 월요일 신학대학원 수업을 듣기 위해서 일요일 밤마다 고속버스를 타고 서울로 가는 것이다. 벌써 3년째 같은 시간에 차를 타고 있다.

나는 좌석에 착석하고 곧바로 꿈속으로 들어간다. 수업 시간에 졸지 않으려면 잠을 자야 한다. 잠을 자지 않으면 내 의지와 관계없이 수업 시간에 졸고 있다. 그래서 차만 타면 곧바로 잠을 청한다. 어떤 날은 곧바로 잠을 자는데, 또 어떤 날은 잠을 청해도 도무지 잠을 이룰 수가 없다. 지금 생각해보면 잠이 잘 오는 날은 내가 하는 일과 사람과의 관계가 소통이 잘 됐을 때다. 하루 동안의 삶이 즐겁고 행복한 것이다. 그런 날은 잠이 달고 맛있다. 잠자는 동안 꾸는 꿈도 희망적인 행복한 꿈을 꾼다. 잠재의식도 행복한 삶을 다시 한번 조명해주는 것 같다.

반대로 잠이 잘 오지 않는 날은 가수면 상태에서 깊은 잠을 잘 수가 없다. 분명 그날은 부정적인 사건 사고가 있었다. 누군가와 말다툼했거나, 생활고 걱정하거나, 수업 과제물을 하지 못했거나 등이다. 현재 의식이 만족스럽지 못한 하루를 지낸 것이다.

고속버스가 선산 휴게소에 도착하면 나는 자동으로 깨어나서 화장실에서 볼일을 보고 또 잠을 청한다. 밤새 달려온 고속버스는 새벽 4시에 강남터미널에 도착한다. 아직 지하철 개통 시간이 1시간이 남았다. 잠이 덜 깨서 비몽사몽이다. 터미널 대합실에 앉아서 하나님께 기도를 드린다. '무사히 도착하게 해주셔서 감사합니다. 육체는 피곤하지만, 행복하고 즐겁게 지내게 해주심을 미리 감사합니다'라고 말이다.

그렇게 감사의 기도를 드린 후에 지하철을 타고 학교에 도착하면 아침 6시쯤 된다. 수업 시간이 아직 한참 남았다. 나는 지친 몸을 이끌고 롯데리아에 가서 햄버거와 커피로 아침을 대신한다. 그리고 교실로 가서 수업 준비와 못다 한 과제를 하기도 한다. 8시 30분쯤 되면 동기와 후배들이 교실로 들어오면서 "전도사님 가장 멀리 계시는데, 일찍 오셨네요!" 하고 반가운 인사를 한다.

문득 지나온 시간 들의 기억이 한 편의 영화가 돼 보여준다. 가슴이 뭉클해진다. 꿈만 같은 시간이 흘렀다. 초등학교만 졸업한 나를, 하나님께서 택하시고 부르셔서 사명을 주시고, 중학교 검정고시, 고등학교 검정고시, 그리고 신학교와 신학 대학원을 공부하게 하시고 이제 졸업을 앞두고 있다.

뒤늦은 공부가 하기 싫어서 포기할까도 몇 번 생각 했었다. 그냥 사업하면서 평범하게 살고 싶었다. 그런데 힘든 고비가 있을 때마다 하나님은 꿈을 주시고 칭찬해주시고 격려해주셨다. 나는 가슴속 깊이 "하나님 감사합니다. 여기까지 인도해주셔서 감사합니다"라고 말한다. 그냥 눈가에 감동과 감사의 눈물이 흐른다. 하나님의 축복과 동행하심을 감사합니다.

잠재의식에게 잠이 들기 전에 하루 동안 있었던 부정적인 일들을 잠재의식 안에 있는 '소멸의 방'에 방해가 되는 모든 기억과 감정을 버려야 한다. 나는 잠재의식 안에 나만의 '소멸의 방'을 만들어 모든 부정을 소멸시킨다. 어떤 일을 새롭게 하는 것도 중요하지만, 내게 방해되는 부정적인 생각과 일들을 없애야 한다. 그래서 나만의 '소멸의 방'이 필요하다. 나는 부정적인 일과 감정이 생기는 즉시 의식적으로 '소멸의 방'에 보내서 소멸시켜버린다. 그리고 그 공간을 버킷리스트로 대체한다.

잠이 올 듯 말 듯 한 상태, 즉 현재의식은 몽롱해지면서 잠재의식과의 경계가 낮아진다. 이때 부정적인 기억과 감정을 잠재의식 안에 있는 '소멸의 방'에 버리면 맑은 에너지가 솟아나고 다시 새롭게 태어나는 듯한 느낌을 받는다. 이때 내가 진정으로 원하는 버킷리스트를 잠재의식 안에 전달해야 한다. 잠재의식 안에 부정적 생각을 모두 소멸시키고, 앞으로 이뤄질 꿈들에 대한 감사한 마음을 가지고 잠재의식에게 내 꿈과 버킷리스트를 고백하는 것이다.

편하게 눈을 감고 잠재의식 안으로 들어간다. 잠재의식을 통해 많은 풍요와 행복을 끌어 올 수 있다는 생각을 가지고 깊게 숨을 들이마신다. 하나, 둘, 셋, 넷, 다섯, 깊게 숨을 내쉰다. 반복해서 3번 한다.

이제 마음이 편안해졌다. 이제 잠재의식에게 갖고 싶은 것, 이루고 싶은 꿈을 말한다. 나는 깊은 잠을 자면서 꿈과 소원을 끌어당긴다. 나의 꿈들이 이뤄지고 있다. 돈은 나를 좋아하고 나도 돈을 좋아한다. 잠을 자는 이 순간에도 돈은 내게 몰려온다. 많은 사람이 돈과 함께 내게 몰려온다. 잠자고 있는 동안에도 나는 "행복하다" 고백한다. 잠재의식은 매일 밤 고백하는 말을 중요하게 인식하고 꼭 필요한 것으로 받아들인다. 이렇게 잠자기 전에 하는 말은 엄청난 에너지를 발산한다.

잠재의식은 현재의식처럼 좋다. 나쁘다. 구분하지 않는다. 그래서 나쁜 상황이든 좋은 상황이든 내가 고백하고 주문한 것을, 내게 그대로 준다. 우리는 가끔 세상 모든 일은 마음먹기에 달렸다고 말하곤 한다. 이 말은 현재의식이 인정하고 받아드린 것을 잠재의식이 이룬다는 말과도 같다. 현재의 의식이 생각하고 느낀 것을, 잠재의식은 그대로 실천한다. 그래서 현재의식의 생각과 행동을 부정적으로 해서는 안 된다.

즉, 긍정적으로 생각하고 행동한다면 즐겁고 풍요로운 삶을 누릴 수 있다. 잠이 올 때, 먼저 하루 동안 있었던 모든 부정적인 생각과 일들을 소멸의 방으로 보내서 소멸시킨다. 그리고 평안하고 평화로운 행복감을 가지고 나의 버킷리스트를 잠재의식에게 고백하면 된다. 사랑을 고백하는 것처럼 고백하는 것이다.

잠 올 때, 잠재의식에게 고백하는 것은 밭에 씨앗을 뿌리는 것 같다. 아침에 잠에서 깨어나면 열매를 수확하는 것과 같다. 꿈이 성취된 것처럼 행복하게 잠이 드는 것이다. 어린아이가 근심 걱정 없이 엄마의 품속에서 포근하게 잠드는 것처럼 자는 것이다. 부정적인 하루 동안의 과거는 소멸시키는 것이지 후회하는 것이 아니다. 후회하는데 잠을 망쳐서는 안 된다. 잠을 자면서도 꿈을 이루는 소중한 시간을 가볍게 생각해서는 안 된다.

잠 올 때, 나의 버킷리스트가 현재이며 사실이라고 받아들이고 고백할 때, 잠재의식은 내 눈에 보이고 손에 잡히게 한다. 버킷리스트를 적고 사진을 찍어서 이뤄지는 것을 믿는 것이 창조의 과정이다. 내 꿈을 방해하는 것은, 부정적인 나의 현재의식밖에 없다. 잠재의식을 변화시키는 것은, 적도 아니고 아군도 아니다. 오직 나의 현재의식밖에 없다.

현재의식이 무엇을 말하든지 상관하지 말고, 이미 꿈을 이뤘다고 느껴야 한다. 내가 느낌을 사실로 받아들이면 꿈은 따라온다. 내가 잠 올 때의 사랑 고백은 잠재의식 안에서 얼마든지 가능하다. 잠재의식 안에 고백한 것은 무엇이든 현실로 불러올 수 있다.

편안하게 수면 상태로 들어가야 한다. 바로 이것이 꿈을 찾아서 잠재의식 안으로 인도하는 방법이다. 꿈을 이뤘다는 믿음을 가지고 수면으로 들어간다. 밤마다 버킷리스트를 이뤘다는 느낌으로 깊은 잠을 자는 것이다.

나는 앞서 잠재의식의 시작과 끝에는 하나님이 거하신다고 했다. 그래서 전지전능한 하나님의 능력을 의심 없이 믿어야 한다. 하나님을 믿지 않는 사람이라도 잠재의식은 여러분의 소원을 들어준다. 그런데 이보다 더 좋은 것은, 하나님이 내 잠재의식 안에서 나를 돕고 있다고 믿는 것이다. 그리고 이 말을 믿으면 버킷리스트는 더 빨리 이뤄진다.

"잠재의식과 동행하면 부를 얻고
잠재의식을 멀리하면 사는 대로 산다."

실천하면 실천하는 대로
내 편이 되는 잠재의식

시내를 지나다가 사람들이 줄 서 있는 것을 보고 '뭐지, 왜 줄 서 있지?' 하고 쳐다봤는데, 김이 모락모락 나는 만둣집이었다. 나는 가던 길을 멈추고 줄을 서서 내 차례를 기다렸다. 30분을 기다린 끝에 만두를 먹어 볼 수 있었다. 왕만두를 1인분 시켜서 맛보는데 맛이 참 좋았다. 나는 만두를 좋아해서 만두를 가끔 먹는데, 이전에 맛볼 수 없었던 훌륭한 맛이었다.

맛이 좋아서 김치만두를 추가로 또 시켰다. 김이 모락모락 나는 김치만두가 빠르게 나왔다. 만두 속이 빨갛게 보여서 더 맛있어 보였다. 간장 그릇에 식초와 간장 그리고 고춧가루를 넣어서 양념장을 만들었다. 김치만두를 하나 집어서 양념장에 찍어서 입안에 넣었다. 김치의 식감과 고기가 씹히는 맛이 일품이었다. 이어서 노란 단무지를 집어 함께 씹는 맛이 환상적이다.

맛있는 음식은 사람을 행복하게 하고 스트레스가 풀린다. 기분이 좋아졌다. '군만두 맛은 어떨까?' 하는 생각과 동시에 침을 삼키면서 주문했다. 군만두도 빠르게 가져다줬다. 내가 생각하는 이상으로 맛있게 구워져 나왔다. 맛있는 군만두는 겉은 바삭하고 속은 촉촉하고 육즙이 많아야 한다. 나는 군만두를 양념장에 찍어 입에 넣었다. 역시 맛있다. 겉은 바삭하고 속은 촉촉하고 육즙이 많다. 천천히 맛을 음미하면서 맛있게 먹었다.

그러는 사이, 이 집에 손님이 많은 이유를 알게 됐다. 가게는 정신없이 바쁘게 돌아간다. 밖에서 포장하는 사람, 주문하는 소리, 만두 만드는 사람, 계산하는 사람, 만두 쪄내는 사람, 모두가 일사불란하게 움직인다. 나는 계산하면서 "맛있게 먹고 갑니다~" 하고 밖으로 나왔다. 그러고는 한동안 밖에서 활기차고 생기 넘치는 만둣집을 구경하고 있었다. 문득 저런 만둣가게 하나 가졌으면 좋겠다는 생각이 들었다. 집에 돌아와서도 며칠 동안 그 만둣집이 계속 생각이 났다.

그 당시 나는 유명한 냉면집에서 기술을 배우고 있었다. 냉면집에서 배우는 사이에도 그 만둣집이 계속 눈앞에 아른거렸다. 결국 참을 수 없어 휴일에 만둣집에 만두를 먹으러 갔다. 만두를 맛있게 먹고 난 후 계산하고 나서 사장님께 "혹시 일하는 사람 필요하면 연락해주세요!" 하고 준비해온 이력서 봉투를 드렸다.

2주 후에 연락이 왔다. 그렇게 소문난 만둣집의 기술을 배우게 됐다. 주방에서 그릇 닦는 일부터 시작했다. 사장님은 내가 채소 다듬고 칼질하는 것을 보시고, "어? 솜씨가 보통이 아니네?" 하시며 칭찬하셨다. 냉면집에서 하루에 무 한 가마니와 파 열 단은 기본으로 칼질해서 당연히 칼질은 능숙하게 잘했다. 그 덕에 다음날부터 칼질만 전담으로 하게 됐다. 사장님이 만두 속을 만들 때 썰어놓은 채소를 순서대로 하나씩 넣어야 하므로 내가 옆에서 보조해 줘야만 한다. 나는 속으로 기뻤다. 만두 속이 어떻게 만들어지고, 양념이 얼마나 들어가는지, 비법 소스는 무엇인지 자연스럽게 알게 됐다.

만둣집에서 제일 중요한 것은 '만두 속'을 만드는 작업이다. 만두 맛을 일정하게 유지하는 비결은 '만두 속'을 한결같이 만드는 것이다. 그래서 사장님은 만두 속을 만들 때 가장 예민하시다. 나는 그러한 사장님의 마음을 알고 최선을 다해 빈틈없이 준비했다. 미각을 잃어버리지 않기 위해 술 담배도 멀리했다. 지금 생각해도 그때의 나를 칭찬하고 싶다. 혈기 왕성할 때 술 담배를 할 기회가 많았지만 잘 참았다.

사장님은 술을 많이 드신 후에는 '만두 속' 간을 내게 보라고 하셨다. 보통 요리사가 술을 많이 먹으면 다음 날 음식이 짜진다. 하루에 한 번 만두 속을 만드는 일은 엄청난 에너지가 필요하다. 각종 채소를 다듬어서 칼질하고 고기를 썰고 만두 속을 버무리는 과정은 땀의 결정체이다. 그렇게 일 년이 지나고 사장님은 만두 속 만드는 일은 내게

다 맡기시고 다른 업무를 보셨다. 나는 내가 맡은 일이 끝나면 휴식 시간을 갖지 않고 다른 사람이 만두 만드는 일을 나서서 도왔다.

만두 반죽을 만드는 일은 쉬웠다. 만두 반죽보다 냉면 반죽 만드는 것이 더 어렵기 때문에 만두 반죽은 더 쉬웠다. 하지만 만두 모양을 내는 건 쉽지 않았다. 그때부터 나는 시간이 날 때마다 만두 모양을 만드는 법을 배우고 연습했다. 영업을 마치고 밤중에도 남은 반죽을 가지고 밤이 깊도록 연습했다.

사장님은 정말 만두를 빨리 만드셨다. 내가 한 개를 만들면 사장님은 세 개를 만드셨다. 나는 사장님 손동작 하나하나를 놓치지 않고 기억했다. 그렇게 또 일 년이 지난 후에 사장님과 만두 만드는 속도가 비슷해졌다. 사장님은 "이제 나보다 더 빠르게 만드네~" 하시며 칭찬하셨다. 나는 기뻤다. 그리고 행복했다.

그렇게 나의 노력은 결과를 나타내기 시작했다. 마음을 다해 실천하고 노력하는 사람은 반드시 결과를 내고 열매를 맺는다. 하지만 복이 따르고 운이 따라도 준비된 실력과 노력이 없으면 그 복과 운은 나를 비켜 간다는 것을 명심해야 한다. 이렇게 내가 노력하고 실천하면 잠재의식은 내 편이 돼서 내 꿈을 더 빨리 이뤄준다. 그리고 몇 년 후에 나는 '고려 왕만두'라는 만둣집을 운영하게 됐다. 꿈을 이룬 것이다.

잠재의식은 내가 생각하고 목표를 세우고 진심으로 실천하면 잠재의식은 그 목표를 이루는데 필요한 환경과 여건을 만들어준다. 그래서 버킷리스트를 작성하는 일은 중요하다. 스쳐 지나가는 목표를 세우는 것이 아니라, 내가 무엇을 해야 하는지 목표 의식이 분명해야 한다. 화살은 하나인데 과녁이 다섯 개가 돼서는 안 된다. 화살이 하나면 목표도 하나여야 된다. 하나의 목표가 완성되면, 다음 목표는 더 가까이 다가온다.

현재의식이 부자가 되는 상상, 대통령상을 받는 상상, 내가 좋아하는 연예인과 차를 마시는 상상, 타고 싶은 차를 타는 상상, 어려운 사람을 즐겁게 도와주는 상상을 하면, 생각만 해도 즐겁고 행복하다. 잠재의식도 현재의식이 느끼는 즐겁고 행복한 상상을 그대로 받아들인다. 상상이라도 똑같이 인정하고 받아들이는 것이다. 나는 이것을 '상상 실천'이라고 말하고 싶다.

앞서 말한 만두 만드는 기술을 배우는 상상, 만둣집을 소유하는 상상, 모든 것은, 생각으로 상상해서 출발하는 것이다. 상상이 없으면 아무것도 성취할 수가 없다. 내가 생각한 상상을 구체화해서 실천하는 것이다. 내가 상상한 꿈을 버킷리스트로 작성하는 것이다. 그리고 믿고 실천하는 것이다. 이렇게 진심으로 실천하면 잠재의식은 나의 소원을 이뤄 줄 준비를 하기 시작한다. 그리고 내가 한결같이 고백하고 실천하면 잠재의식은 인식하고 꿈의 요리를 만들어서 내게 주는 것이다. 나는 상상하고. 실천하고. 노력으로 잠재의식에게 긍정의 보고만 하면 된다.

그리고 우리는 부정적인 상상을 잠재의식에게 보고 해서는 안 된다. 예를 들면, 미운 사람에게 복수하는 상상을 한다. '아 제 ○○ 교통 사고나 나버려라', '사업이 폭삭 망해 버려라' 등의 상상을 한다. 이런 상상은 하는 동안에도 기분이 좋아지지 않는다. 오히려 기분이 더 안 좋다. 내 안에 있는 긍정적인 에너지마저 줄어든다. 이러한 일들을 의식적으로 상상하지 말아야 한다. 우리는 자주 부정적인 상상을 자주 한다.

사회에 대한 욕구불만과 경쟁의식에서 오는 질투로 생각보다 많이 부정적인 상상을 한다. 부정적인 상상은 내 삶을 파괴시키고 나를 병들게 한다. 부정적인 상상을 실천하면 잠재의식은 그대로 받아들인다. 그래서 우리는 삶의 의욕이 떨어지고, 에너지가 고갈돼서 삶의 생기가 없어지는 것이다.

내 생각, 내 마음, 내 행동, 내 습관이 '긍정적인 상상'으로 바뀌고 내가 실천하면, 잠재의식은 내 편이 돼서 성공과 부를 선물로 준다. 결국 '성공과 부는 긍정적인 상상의 실천이다'

"긍정적인 잠재의식은 새집을 건축하지만,
부정적인 잠재의식은 집을 허문다."

잠재의식에게 말할 때는
확실한 완료형으로 말해야 한다

"영차, 영차!" 나는 손수레에 복숭아를 가득 싣고 부산 영도 다리를 건너고 있다. 짐을 싣고 영도 다리 오르막길을 가는 것은 참 힘들다. 충무동 공판장에서 아버지께서 경매받은 복숭아를 영도 봉래동 시장, 엄마가 하고 계시는 과일 가게로 싣고 가는 중이다.

오르막길이 힘들어서 잠시 쉬면서 바다를 구경한다. 자갈치시장 내항에 정박해 있는 크고 작은 배들, 항구로 들어오는 배들, 항구를 나가는 배들, 용두산 공원의 타워 전망대, 끼룩끼룩 소리를 내며 날아다니는 갈매기들, 흘러내리는 땀을 식혀주는 시원한 바람 모두 다 정겹다.

더 이상 나아가지 못하고 땀을 닦고 있는데, 아저씨가 다가와서 "학생, 밀어줄까?" 하신다. 나는 "감사합니다. 아저씨" 하고 얼른 대답한다. 아저씨는 "아직 어린데 고생이 많네"라고 하시면서 손수레를 힘껏

밀어주신다. 손수레는 탄력을 받아서 힘차게 나아간다. 착하고 고마운 아저씨 덕분에 영도 다리를 잘 넘어갔다. 아저씨께 고맙다고 몇 번이나 감사의 인사를 드렸다. 아저씨는 "수고해~" 하시면서 손수레를 떠나가셨다.

이제 십 분 정도만 가면 엄마가 하시는 과일 가게에 도착한다. 나는 힘을 내어서 손수레를 끌고 엄마가 있는 과일 가게에 도착했다. 엄마는 멀리서 나를 발견하고 달려오신다. "아들~ 오너라 힘들었지, 고생했어~" 하신다. 나는 "엄마 아니야, 착한 아저씨를 만나서 잘 왔어~" 하고 대답했다.

그러고는 엄마와 함께 복숭아 상자를 다 내렸다. 엄마는 집에서 가져온 도시락을 꺼내서 "배고프지"라며 차려주셨다. 도시락을 맛있게 먹고 가져온 복숭아를 큰 대야에 퐁퐁을 넣고 엄마와 함께 씻기 시작한다. 복숭아털이 씻겨나가면서 복숭아가 빨갛게 멋을 내기 시작한다. 이쁘고 탐스럽다. 상처가 난 복숭아를 한입 베어먹는다. 달고 맛있다. 복숭아를 다 먹고, 씻어놓은 복숭아를 손수레에 이쁘게 진열한다. 지나가는 손님들이 방금 씻은 탐스러운 복숭아를 보고 "복숭아 얼마에요?" 하고 물어본다. 엄마는 능숙하게 판매를 시작하신다.

나는 이쁘게 진열한 복숭아를 들고 엄마 곁을 떠나서 근처 남항동 시장으로 가서 판매한다. 40년 전 1982년도 부산 영도는 경기가 좋아서 장사가 잘됐다. 당시 내 나이는 17세였다. 엄마는 손수레를 끌고 가는 내 모습을 보면서 학교에 가는 것보다 장사하는 것이 더 좋아한다고 안쓰러워하셨다. 나는 "엄마 장사해서 돈 많이 벌 거야" 하며 엄마를 위로했다. 지금 돌이켜 보면 시장에서 장돌뱅이로 커가는 모습을 보는 엄마의 마음이 얼마나 아프셨을까? 생각하면 가슴이 미어지고 눈물이 난다. '엄마, 엄마 마음 아프게 해서 정말 미안해…' 철없는 나는 나이가 들어 부모님의 마음을 깨닫는다.

그렇게 나는 남항동 시장에 가서 복숭아를 판매한다. "맛있는 꿀 복숭아 왔어요! 맛보고 싸가세요!" 큰소리로 외친다. 장사에 익숙해진 나는 부끄러워하지 않고 소리를 잘 낸다. 손님들이 몰려온다. 장사가 잘된다. 얼마 지나지 않아서 복숭아가 다 팔렸다. 신이 났다. 호주머니가 불룩하다. '엄마한테 빨리 가서 자랑해야지!' 싶어 달려갔다. 엄마는 "벌써 다 팔았어!" 하시고, 옆에 있는 상인들은 "이놈 장돌뱅이네!" 하시면서 칭찬하셨다. 그러면 나는 엄마가 팔고 있는 복숭아도 손수레에 이쁘게 진열해서 다시 남항동 시장에 가서 팔았다. 그렇게 나는 17살 때 장돌뱅이가 됐다.

나는 어릴 때부터 호기심이 많고 모험심이 지나칠 성도로 많았다. 그래서인지 자주 집을 가출해서 여행하고 돌아다녔다. 지금 생각해보면 전국을 돌아다니는 역마살을 가지고 있었다. 돈이 어느 정도 모이면 정처 없이 여행을 떠난다. 돈이 바닥이 나면 다시 장사했다. 당시 나는 돈이 필요하면 언제든 장사를 하면 된다는 철없는 자신감이 있었다.

그때의 나는 미래를 설계하고 계획하는 생각은 하지를 못했다. 돈을 벌어서 집을 사고, 땅을 사는 재테크는 할 줄을 몰랐다. 40년 전에 하루 수입이 '삼만 원'에서 '오만 원' 정도 됐다. 당시 한 달 월급이 '20만 원'에서 '30만 원' 정도 됐다. 성인 월급 3배 정도 수입을 벌었다.

돈을 벌어도 관리를 할 줄 몰랐다. 여가 생활을 즐기는 데 돈과 시간을 낭비했다. 안타까운 일이다. 잠재의식은 내가 생각하고 결정한 일을 반대하지 않고 내가 하는 대로 따라온다. 그래서 현재의식의 '생각과 상상'이 매우 중요하다. 내가 생각하고 상상해서 말을 할 때는 신중해야 한다. 잠재의식은 그대로 인식하고 받아들이기 때문이다. 따라서 잠재의식에게 고백할 때는 확실하게 완료형으로 말을 해야 한다.

현재 상황이 불리해도 자책하지 말고, 큰 비전과 꿈을 가져야 한다. 큰 비전과 꿈의 결과는 천천히 오기도 하고, 빨리 실현되기도 한다. 상황이 어떻게 전개되더라도 내 꿈이 나를 이끌어나가도록 확실하게 완료형으로 잠재의식에게 고백해야 한다. 현재 나의 삶이 어렵고 힘들더라도 나의 버킷리스트는 현재 진행형이라고 믿고 당당하게 삶을 즐겨야 한다. 나를 믿고 잠재의식의 능력을 믿어야 한다.

17살의 나는 '목표가 없는, 사는 대로 사는 삶'을 살았다. 즉, '사는 대로 생각하는 삶'이었다. '사는 대로 생각하는 삶'은 미래가 없다. 희망과 꿈이 없는 삶을 사는 것이다. 우리는 생각하고 상상하는 삶을 살아야 한다. '생각하는 대로 사는 삶'은 잠재의식에게 꿈과 희망을 고백하는 삶이다. 성공은 목표다. 버킷리스트는 목표다. 그 목표의 완성 기한은 언제인가? 그 목표를 위해 오늘 나는 무엇을 했나? 그 목표를 잠재의식에게 얼마나 고백했나? 진정으로 목표를 세우고 진심으로 믿으면, 잠재의식은 목표를 인식하고 목표를 이끌고 가기 시작한다.

예를 들어 갈치를 잡는 낚싯대를 갖고 싶다는 목표를 세우면, 잠재의식은 여러 종류의 낚싯대를 찾기 시작한다. 어디서 어떻게 살 것인지 계속 생각하는 것이다. 그리고 마침내 낚싯대를 소유하게 된다.

오늘 하루 동안 나는 부정적인 생각과 말을 얼마나 했는지 정확하게 생각해야 한다. 그리고 잠재의식 안에 있는 '소멸의 방'으로 보내야 한다. 그리고 잊어야 한다. 또한 내 주위에 부정적인 말을 하는 사람, "할 수 없어, 안돼, 못해"라는 말을 자주 하는 사람과는 절교해야 한다. 이런 사람들과 함께하면 나의 긍정적인 에너지가 약해진다.

연세가 많으신 분들과 대화를 해보면, 그분들은 한결같이 말한다. "내가 그때 그 일을 해야 했는데", "여행을 많이 다녀야 했는데", "더 많이 사랑해야 했는데" 등 모든 말이 더 해보지 못한 후회로 바뀐다. 젊을 때 긍정적으로 해야 했었는데, 긍정적인 삶을 살지 못한 것에 후회된다는 것이다.

성공, 즉 목표는 얻는 것이 아니라 창조하는 것이다. 성공하기까지는 땀과 눈물의 고생을 지나가야 한다. 땀과 눈물의 고생을 알기에 성공이 소중한 줄 알게 된다. 선과 악, 낮과 밤, 하늘과 땅, 우주와 지구, 남자와 여자, 이것들은 모두 서로가 서로에게 필요한 존재이다. 둘 중의 하나가 없으면 존재 자체가 성립이 안 된다. 서로 보완하는 질서로 협력하고 있다.

성공과 실패를 통해 우리의 버킷리스트가 완성된다. 우리는 목표를 달성했다는 믿음이 있어야 한다. 그 믿음에 대해 확신해야 한다. 내가 현재의식을 가지고 최선을 다해 목표를 향해 달려가도 그 목표를 이루는 것은 잠재의식이다. 그래서 우리는 확실하게 완료형으로 잠재의식에 어린아이처럼 믿음으로 고백해야 한다.

"잠재의식을 다스리는 하나님은
잠재의식 안에 있는
선한 마음과 악한 마음도 다스린다."

잠재의식이 내 편이면
나는 이미 부자

아들과 여행하는 것이 참 좋다. 벌써 아들이 30살이 됐다. 아들 중학교 때 강원도 동해안으로 여행을 갔다. 아들은 방파제에서 낚시해서 고기를 잡으면 엄청나게 즐거워했다. 그 모습을 보고 있는 나도 즐겁고 행복하다. 숯불을 피워 석쇠를 올리고, 생선을 노릇노릇 맛있게 구워서 먹는 기분은 최고의 행복이다. 모든 아버지의 로망이기도 하다. 또 바다에 들어가 낚싯대로 고기를 잡는 추억은 지금 생각해도 기분이 좋다. 저녁이면 도란도란 이야기를 나누며 캠핑하면서 삼겹살과 새우도 구워 먹으면서 아들과 즐거운 추억을 쌓았다.

내가 신학교를 다니고, 전도사로 교회를 섬기면서 이사를 자주 다니게 됐다. 따라서 아들도 전학을 자주 하게 됐다. 부산 영도 동삼동에서 반송으로, 반송에서 영선동으로, 영선동에서 경기도 시흥으로, 경기도 시흥에서 서울 광진구 구의동으로, 서울 광진구 구의동에서 김해 장유로 이사를 했다.

학교 전학을 자주 다니면서 스트레스가 많았을 텐데도 아들은 집에 와서 힘들다고 내게 이야기 한 적이 한 번도 없었다. 참 고마운 일이다. 아들이 힘들어했으면 나도 힘들었을 것이다. 그런 점에서 항상 아내와 아들에게 미안했다. 목회자의 아내와 아들로 생활한다는 것은 어렵고 힘들다. 잘해도 탈, 못해도 탈이다.

나는 어려서부터 부모님의 마음에 상처를 드리고 아프게 했다. 초 등학교부터 무단가출로 부모님의 걱정을 끼치는 문제아였다. 그런데 아들은 나의 이런 모습을 닮지 않았다. 어려운 환경 속에서도 방황하 지 않고 잘 자랐다. '아들 고마워! 반듯하게 잘 성장해줘서 고마워!'

오늘날에도 최저 임금도 안 되는 사례비로 생활하는 목회자들이 70%가 넘는다. 섬김과 봉사로 개인의 욕망은 버리고 하나님을 섬기는 것이다. 새벽마다 나라와 민족을 위해 기도하는 전국의 교회 목회자들 의 땀과 눈물 그리고 헌신과 섬김은 존경받아 마땅하다.

내게는 부자 아빠가 계신다. 능력이 많으시다. 아버지는 모든 것을 다 가지고 계신다. 내가 필요한 것을 다 주신다. 우리는 이런 부자 아 빠가 있으면 얼마나 좋을까? 얼마나 행복할까? 세상을 다 가진 기분 일 것이다. 그런데 우리는 못 느끼지만 이런 부자 아빠와 같이 살고 있다. 같이 살고 있지만. 부자 아빠를 찾지 않고 있다. 찾으려고 하지도 않는다. 내 안에 있는 부자 아빠는 "아빠 사랑해요? 아빠 도와주세요?" 하고 고백해야 도와주신다. 내 안에 있는 부자 아빠는 언제든지 나를 도와줄 준비를 하고 계신다. 아빠는 자기를 좋아하고 아빠의 존재를 인정하는 자녀를 좋아하신다.

우리는 부자 아빠를 찾아야 한다. 그리고 아빠가 주는 풍요를 누려야 한다. 우리는 잠재의식의 존재를 인정한다. 그리고 잠재의식의 능력만으로도 꿈과 목표를 이루고 풍요로운 삶을 누리는 사람들이 전 세계적으로 엄청 많다. 그리고 자기만의 방법으로 잠재의식과 소통하며 잠재의식의 능력을 사용하고 있다. 좋은 일이고 바람직하다. 그러나 이 방법은 잠재의식만 느끼고 사용하는 것이다.

예를 들면, 잠재의식이 물통이라면, 잠재의식의 하나님은 물통의 물을 공급하시는 분이시다. 그래서 나는 내 잠재의식의 시작과 끝에는 하나님이 계신다고 말했다. 즉, 잠재의식을 다스리는 하나님이 계신다. 그분 하나님을 만나야 영과 혼과 육에 진정한 복이 임하는 것이다. 이 사실을 믿고 인정한다면 여러분은 진정한 성공자다. 이미 이 글을 읽는 사람들은 엄청난 축복을 받은 사람들이다.

나는 여러분이 잠재의식과 잠재의식 안에 '처음과 끝'에 계시는 하나님의 차이점을 설명하고 있다. 여러분 마음이 믿고 싶은 대로 믿으면 된다. 중요한 핵심은 잠재의식의 능력을 믿고 실천하면 나는 이미 부자의 삶을 살고 있다.

생각과 상상에 생명력을 주는 것이 잠재의식이다. 부를 갖고 싶다면, 오직 부만 생각해야 한다. 뿌린 대로 거둔다. 사과나무를 심으면 사과가 열린다. 사과나무에 배가 열리지는 않는다. 갖고 싶은 것을 정확하게 잠재의식에게 심어야 한다.

나는 2018년도에 2종 소형오토바이 면허에 도전했다. 김해 장유에 있는 자동차 운전학원에 등록했다. 오토바이 125cc는 '1종 보통' 운전 면허증으로 운전을 할 수 있지만, 250cc는 '2종 소형' 면허가 있어야 한다. 나는 소형오토바이는 많이 타 보았다. 그래서 오토바이에 대한 두려움은 없었다.

학원 첫날 드디어 250cc 오토바이구조에 관해 설명을 듣고 오토바이를 운행할 수가 있었다. 15년 만에 오토바이를 운행하는 거라 조심스러웠다. 그런데 소형오토바이는 운행하는 것은 쉬웠는데, 250cc 오토바이는 크기와 무게부터 달랐다. 오토바이 키를 돌리고 시동 버튼을 눌렀다. 부릉부릉하고 시원하게 시동이 걸렸다. 소형오토바이와는 소리부터 다르다. 야릇한 긴장감이 맴돈다. 나는 강사의 설명을 듣고 조심히 전진 손잡이를 당겨 보았다. 오토바이는 소리를 내면서 조금씩 전진한다. 나는 용기를 내어서 조금 더 빨리 달려본다. 묘한 쾌감이 전신을 감싼다. 기분이 좋다.

'내가 250cc 오토바이를 운전하다니!' 자존감이 높아진다. 사실 남자들의 로망 중의 하나는 '2종 소형' 오토바이 면허증을 취득하는 것이다. 남자들은 가끔 대형오토바이를 멋있게 타고 다니는 사람들을 보면 나도 한번 타봤으면 하고 부러워한다.

그런데 나는 멋있게 오토바이를 타려고 면허증을 취득한 것이 아니다. 나는 '만복쏠트'라는 양치소금 전문회사를 운영하고 있다. 영업과 홍보를 위해서 250cc 오토바이가 필요했기 때문이다. 나는 면허증을 취득하기도 전에 생각난 아이디어를 실천하기 위해 짐칸이 있는 250cc 삼륜 오토바이를 구매했다. 그리고 간판을 제작하고 오토바이 4면에 설치했다.

홍보내용 글은 다음과 같이 했다.

와! 이렇게 좋을 수가!

황솔 양치 소금

잇몸질환 / 치석 제거

시린 이 / 풍치 / 충치

입 냄새 / 담배 냄새 제거

만족하지 못하시면 언제든 환불해 드립니다.

황솔 양치 소금은 입에서 입으로 전해지는 명품 양치 소금입니다.

도매, 소매, 판매점 상담 010-0000-0000

이렇게 오토바이를 제작하고 난 후에 운전학원에 등록한 거였다. '2종 소형' 면허증 합격률은 낮은 편이다. 열 번도 넘게 떨어진 사람들이 많았다. 그래서 '나도 몇 번은 떨어지겠지' 하고 생각했다. 열심히 연습했다. 하루는 연습하다가 커브 길에서 오토바이가 넘어졌다. 다행히 다치지는 않았다. 오토바이를 일으켜 세우려고 힘을 썼지만 세울 수가 없었다. 지켜보고 있던 강사가 황급히 와서 도와줬다. 한번 넘어지니까 약간의 두려움이 생겼다. 오토바이가 넘어져서 다치기도 하고, 부서지면 수리비를 보상해줘야 하기 때문이다.

연습하면서 오토바이를 능숙하게 잘 타는 사람을 몇 명 보았다. 그분들은 서툴게 오토바이를 타는 내게 와서 많은 조언을 해줬다. 그중 한 분은 오토바이를 능숙하게 잘 타시는데, 시험에는 몇 번 떨어지신 분이다. 나는 '와! 저렇게 잘 타는데도 시험에 떨어지다니, 시험이 무척 어렵겠구나!' 하고 생각했다.

그렇게 연습한 지 열흘 만에 첫 번째 시험 일정이 정해졌다. 나는 일찍 가서 다른 사람이 시험을 치는 과정을 지켜봤다. 그날 시험을 열 명 치는데, 같이 연습한 사람들이 한 명씩 불합격 처리된다. 그리고 나를 코치해준 분 차례가 됐다. 직선 주행은 잘 통과했다. 이어서 S자 코스에서 두 번 탈선해서 불합격하고 말았다. 마음이 초조해졌다. 그날 내 순서를 마지막에 배정받았다. 오랜만에 "합격입니다"라는 소리가 들렸다. 내 앞에 아홉 명, 그중에 두 명만 합격했다. 드디어 내 차례가 됐다.

나는 잔뜩 긴장한 채로 오토바이에 탔다. 출발신호가 떨어지고 직선주로로 진입했다. 속으로 '나는 할 수 있다!'를 계속 외치면서 전진했다. 직선주로를 통과하고 공포의 S자 코스에 진입했다. 그런데 커브 길에서 "탈선입니다"라는 소리가 들려왔다. 하지만 나는 당황하지 않고 '아직 한 번의 기회가 남았다. 해보자!' 다짐하면서 순식간에 S자 코스를 통과했다. 나는 '그래! 됐다. 더 가보자!' 하고 다음 코스로 진입했다. 비교적 쉬운 코스라 무사히 통과했다. 그리고 들려오는 소리 "합격'입니다" 제일 듣고 싶었던 행복한 소리다. 같이 연습하던 분들이 박수로 축하해줬다. 기쁨도 잠시. 내게 조언과 코치를 해줬던 분께 "혼자 합격해서 죄송합니다" 하고 인사를 했다. 안타까운 마음과 괜히 미안한 마음이 들었다. 그렇게 나는 '2종 소형' 면허증을 취득했다.

좋은 아이디어가 생각났을 때, 잠재의식에게 인정시키고, 즉시로 실천하면서 내 생각을 내가 주도해야 한다. 나는 아이디어가 생각났을 때, 주저하지 않고 오토바이 면허증을 '취득했다고' 생각하고 행동에 옮겨서 실천했다. 잠재의식은 믿고 실천하는 사람을 좋아한다. 그리고 내 편이 돼 주고 부자로 만들어준다.

"내 편인 잠재의식은 황금알을 낳는 거위다."

5장

잠재의식은 만 개의
복을 주는 선물상자

잠재의식을
잘 느끼는 텔레파시

우리는 마음이 통하고 대화가 잘되는 사람과 있으면 행복하다. 계속 함께 있고 싶다. 그리고 자기가 가지고 있는 소중한 것도 주저함이 없이 함께 나눈다. 조건 없이 주고 싶다. 이런 사람과 함께 있으면 피곤하지 않다. 여기에다 이 사람이 잘 웃는 사람이라면 최고의 파트너이다. 업무도 향상된다. 나의 에너지를 힘차게 해준다. 이런 사람이 나의 남편이나 아내라면 인생 최고의 선물이다.

나는 가끔 아내와 '텔레파시'가 통할 때가 있다. 퇴근길에 갑자기 포도를 사서 가고 싶을 때가 있다. 아내는 "안 그래도 포도가 먹고 싶었는데, 텔레파시가 통했네~" 하고 신기해한다. 또 뭔가에 이끌려 아내에게 전화할 때가 있다. 아내는 "나도 지금 전화하려고 했는데, 마음이 통했네?"라고 말한다. 서로 텔레파시가 소통하는 것이다. 부부관계에서도 소통이 안 되면 동상이몽, 즉 다른 생각, 다른 꿈을 꾸게 된다. 이 런 부부는 성공과 꿈을 느리게 이루게 된다.

잘 느끼고 소통을 잘하려면 관심과 노력, 그리고 희생이 필요하다. 텔레파시는 관심이다. 상대에 대해 관심을 가지고 상대가 무엇을 좋아 하는지, 싫어하는지, 취미가 무엇인지, 어떤 음식을 좋아하는지를 깊이 알고 있으면, 상대와 자주 소통하고, 텔레파시가 통하는 횟수가 많아 진다.

관심을 가지려면 노력이 필요하다. 상대가 자기를 위해서 관심을 가지고 노력하고 있다고 인정해 줘야 한다. 칭찬하는 노력, 함께 맛집 에 가는 노력, 상대의 말을 들어주는 노력, 함께 등산하는 노력, 함께 여행하는 노력 등을 한다. 상대에게 '내가 항상 함께 있다'라는 것을 상 대에게 보여주고 인정받아야 한다.

말로 관심을 표현하는 것도 좋지만, 노력하며 실천하면 상대의 마 음을 얻는다. 집에서 그냥 "여보 사랑해~" 말로 하는 것과 경치 좋은 바다를 거닐면서 "여보 사랑해~"의 느낌은 차이점이 있다. 즉 고백받 는 사람의 감동이 다르다. 바닷가에 가기 위해서는 시간을 만들어야 하고, 계획을 세우고 준비해야 한다. 준비하면서 상상하고, 행복을 미 리 맛볼 수도 있다.

부부는 함께 살면서 지지고 볶다가 보면 미운 정 고운 정이 다 생긴 다. 그러다 보면 양보할 건 양보하고, 인정할 건 인정하게 되고, 포기할

건 포기하게 된다. 그러면서 부부는 닮아 간다. 닮아 간다는 것은 '이심 전심'이다. 마음이 하나가 돼 가는 것이다.

상대에 대해 관심을 가진다는 것은 희생이다. 생각의 희생, 시간의 희생, 물질의 희생이 필요하다. 이것을 아깝다고 생각해서는 안 된다. 행복한 희생이 돼야 한다. 이러한 준비를 잘하는 사람은 소통을 잘하 고 텔레파시를 잘 느낄 수 있다. 우리가 '성공과 풍요'를 누리기 위해 서는 잠재의식을 잘 느끼고 텔레파시가 잘 통해야 한다.

잠재의식을 잘 느끼려면 잠재의식에 관심을 가져야 한다. 내가 잠 재의식에 관심을 가진다는 것은 '내 삶을 생각하고 상상하는 것'이다. 그리고 내가 생각하고 상상한 것을, 잠재의식과 공유하는 것이다. 우 리는 잠재의식을 자주 만나야 한다. 아침에도 만나고, 점심때도 만나 고, 저녁때도 만나고, 잠잘 때도 만나고, 커피 마실 때도 만나고, 기쁠 때도 만나고, 슬플 때도 만나야 한다.

성공한 부자들은 잠재의식을 만나는 일을 체계적으로 아주 잘한다. 옛 속담에 '일은 한 냥이고 생각은 닷 냥'이라는 속담이 있다. 육체적으 로 일하는 것보다, 생각으로 일하는 것이 더 효과가 크다는 말이다. 잠 재의식을 만나는 것이 이보다 효과가 더 크다는 것을 부자들은 이미 잘 알고 있기 때문에 잠재의식을 자주 만나는 것이다.

성공해서 풍요를 누리는 부자들은 잠재의식과 아주 친하다. 그리고 잠재의식을 사랑한다. 한순간도 잠재의식을 내버려 두지 않는다. 매

순간 매초 잠재의식과 소통하고 텔레파시를 주고받는다. 자신의 건강과 가정, 그리고 사업과 부를 위해 생각과 상상을 멈추지 않는다. 우리가 일용할 양식을 위해 걱정하는 동안 그들은 우주여행을 생각하는 것이다. 같은 지구에 살고 있지만 그들은 다른 세계에 살고 있다. 예를 들어 같은 집을 건축을 해도 그들에게는 더 많은 재료가 풍부하게 준비돼있다.

"잠재의식을 느낀다는 것은 내 삶의 생각과 상상력의 재료를 잠재의식에 저축하는 것이다. 소통한다는 것은 내가 저축한 재료를 잠재의식이 요리하는 것이다. 텔레파시가 통한다는 것은 잠재의식이 만든 요리를 내가 맛있게 먹는 것이다."

나는 20살 때 소문난 냉면 집에서 기술을 배웠다. 사람들이 줄 서서 먹는 맛집이다. 이 집의 냉면 육수는 만드는 방법이 창의적이고 독특하다. 나는 이 ○○냉면 집에서 다양한 일을 했다. 고기를 삶는 일, 냉면 반죽하는 일, 냉면 육수를 만드는 일을 했다.

먼저 육수를 만드는 일을 했는데, 처음 준비는 이렇게 한다. 무를 손가락 두 마디 정도의 길이를 절반으로 자른다. 이렇게 무 한 자루 40㎏, 그램을 자른 후에 소금에 다섯 시간 절인다. 잘 세척 한 후에 큰 항아리에 담는다. 물을 채우고 파 한 단, 양파 10개, 생강 2쪽, 매운 고추 10개, 마늘 중간 크기로 30개를 넣고 냉장고에서 3일간 숙성시킨다.

두 번째는 열무 10단을 손가락 두 마디 크기로 잘라서 소금에 두 시간 절인다. 세척 한 후에 항아리에 담는다. 찹쌀가루 300g을 죽처럼 쑤어서 물을 섞어서 식힌 후에 미세 고춧가루 200g을 넣는다. 생강 2쪽, 마늘 30개를 같이 갈아서, 양파 자루에 고추씨 100g과 함께 넣는다. 항아리에 모두 넣고 물의 양을 맞추어서 냉장고에 이틀간 숙성시킨다.

세 번째는 소고기 양지고기 20㎏, 사태고기 20㎏, 사골 뼈 10㎏, 물에 한 시간 정도 넣어서 피를 뺀 후에 가마솥에 넣고 삶는다. 간장, 소금, 마늘, 생강, 파, 양파, 소주, 다시다, 설탕, 미원 비법 재료를 넣는다. 한 시간 정도 삶은 후에 고기를 건져내고, 세 시간 더 삶은 후에 식혀준다.

마지막으로 준비한 동치미와 열무김치 그리고 육수를 섞어서 육수를 완성 시킨다. 내가 모든 준비를 끝내면 주방장이 와서 비법 재료를 넣고 마지막 간을 한다. 육수통에 옮기면서 맛보는 육수는 정말 맛있다. 속이 다 풀린다. 숙취 해소에도 탁월하다. 한번 맛본 사람은 단골이 될 수밖에 없다. 그렇게 육수는 엄청난 노력과 수고로 탄생이 된다. '요리는 예술이다'라는 말이 절로 느껴진다.

내가 육수를 만들면서 가장 좋았던 순간은 갓 삶은 고기의 가장 맛있는 부위를 썰어서 왕소금에 맛보는 순간이다. 따뜻한 고기를 가장 맛있을 때 맛보는 것은 행복이다. 그리고 잘 숙성시킨 동치미와 열무김치 국물을 맛볼 때다. 환상적으로 맛있었다. 평양냉면 위에 올려주는 고기를 썰면서 부위마다 고기의 맛이 다르고 결이 다르다는 것을 알았다. 나는 이때 삶은 소고기를 맛있게 많이 먹었다.

이번에는 냉면 반죽하는 추억으로 가보자. 생각만 해도 미간이 일그러진다. 그 이유는 정통 냉면 반죽은 만들기가 정말 힘들기 때문이다. 냉면 반죽 재료는 메밀가루와 고구마 전분 그리고 밀가루다. 적당한 비율로 잘 섞어서 반죽한다. 문제는 반죽할 때, 펄펄 끓는 뜨거운 물을 부어서 순간적으로 반죽해야 하는데, 엄청 뜨겁다. 그래서 반죽을 하다가 손에 화상을 입기도 한다. 손바닥 껍질이 몇 번 벗겨져야 적응된다. 일반 밀가루 반죽보다 다섯 배로 힘들다. 요즘은 냉면 반죽 기계가 있어서 참 다행이다.

동치미와 열무물김치를 만들 때 소통을 잘해야 한다. 숙성시킬 때 냉장고 온도를 일정하게 잘 유지해야 한다. 온도를 잘 못 맞추면, 너무 많이 숙성돼서 냉면 육수 맛을 망친다. 고기를 삶을 때도 불의 화력과 정확한 시간과 소통을 잘해야 맛있는 육수가 만들어진다. 역시 육수를 만들 때도 관심을 가지고 소통하고 노력해야 원하는 결과를 얻을 수 있다. 내가 잠새의식에 관심을 가지고 소통하고 실천해야, 잠재의식과 텔레파시가 통한다.

"현재의식이 많은 것을, 계획해도
그 계획을 완성 시키는 것은 잠재의식이다."

잠재의식의 나쁜 기억을
새로운 좋은 기억으로 저축하자

우리는 매일 매일 생각을 창조하고 있다. 그리고 창조가 이뤄지고 있다. 우리가 사는 현실은 생각으로 이뤄져 있다. 따라서 지금 나의 삶은 내 생각의 현주소다. 지금 내 삶은 내 생각의 결과다. 내가 가난해도 내 생각의 결과이고, 부자로 살아도 내 생각의 결과다. 내가 지금 가난하게 살고 있다면 지금의 삶을 부인하고 생각을 바꿔서 의식 성장을 해야 한다.

성공과 실패, 가난과 풍요는 항상 우리를 기다리고 있다. 내가 무엇을 생각하고 선택하느냐에 따라서 '실패와 가난'이 될 수도 있고 '성공과 풍요'를 가져올 수도 있다. 성공과 풍요로운 삶을 선택했다면 생각을 전환해서 현재의식을 성장시켜야 한다.

항아리에 남아있는 '옛 생각'을 비우고 깨끗하게 만들어야 한다. 항아리에 '구정물'이 남아있다면 맑은 물을 채워도 깨끗해지지 않는다. 깨끗한 항아리에 맑은 물을 채워야 깨끗한 물을 마실 수 있다.

부정적인 습관과 생각을 생산적이고 긍정적인 생각으로 전환 시켜야 한다. 우리는 무엇이든 할 수 있고 가질 수 있는 의식을 성장시켜야 한다. 내 생각을 의식적으로 알 수 있어야 한다. '생산적인 생각'을 명확하게 해서 잠재의식에 전달해야 내가 원하는 성공과 풍요를 누리는 창조자가 될 수 있다.

우리는 평소에 '현재의식'이 어디에 가 있는지 생각해야 한다. '현재의식'이 가 있는 그것이 창조돼 현실에 나타난다. 내 삶에서 갖고 싶은 것이 있다면, 내 생각을 그곳에 두면 된다. 생각이 그것과 일치가 되면 텔레파시가 통하게 된다. 이때 소통하는 텔레파시로 인해 창조가 이뤄진다. 꿈이 이뤄지는 것이다. 우리는 현재의식이 원하는 꿈이든, 원하지 않는 꿈이든 '현재의식'이 생각하는 그 꿈을 얻게 된다. 즉, '의식을 성장'해서 원하는 꿈을 이룰 수도 있고, 현재 그대로의 삶을 살 수 있다.

현재 내 삶의 모습을 그대로 관찰해보면 그동안 내가 어떻게 생각을 하고 살아왔는지 알 수 있다. 생각을 오래 할수록 의식은 성장한다. 성공과 풍요를 원한다면 부정적인 의식은 소멸시키고 긍정적인 의식을 부활시켜야 한다. 잠재의식은 '긍정적인 의식'이 '부활'하기를 기다리고 있다. 우리는 '긍정적인 의식'을 호출해서 사용해야 한다. 성공과 풍요를 소유하고 싶다면 계속해서 성공과 풍요를 생각해야 한다. 우리가 생각하고 있는 꿈은 무엇이든 '창조'된다고 믿어야 한다. 꿈은 이뤄진다.

꿈은 '생각'과 '말' 그리고 '실천'으로 이뤄진다. 즉, 생각이 창조의 시작이라는 것을 명심해야 한다. 우리가 하는 '말'은 생각을 증명하는 것이다. 그래서 긍정적인 말은 강한 에너지를 분출한다. 그리고 '실천'은 은행에서 돈을 찾는 것 같다. '생각'하고 '말'하고 '실천'하면 꿈은 이뤄진다.

우리가 생각하는 모든 생각은 하나님한테서 온다. 그 생각이 말로 증명된다. 구하는 이가 받을 것이요, 찾는 이가 찾을 것이다. 우리가 생각하고 말하고 실천하는 것은 어린아이같이 순수한 믿음으로 해야 한다. 갖고 싶고, 이루고 싶은 꿈이 있다면, 오직 목표에만 집중해야 한다. 예를 들어, 부산에서 서울에 가는 것이 목표다. 차를 타고 고속도로를 달리다가 경주에 구경할 곳이 많다고 경주로 가면 안 된다는 것이다. 오직 목적지 서울만 생각해야 한다.

우리는 매일 현재의식이, 생각하는 부정적인 생각을 그 즉시로 소멸시키는 훈련을 해야 한다. 하루에도 수도 없이 부정적인 생각을 생산해 낸다. 부정적인 생각이 많아지면 현재의식은 방향감각을 잃어버린다. 불안하고 초조해진다. 두려움이 밀려온다. 이러한 마음이 생기지 않도록 해야 한다. 그래서 우리는 부정적인 생각이 들 때마다 잠재의식 안에 있는 '소멸의 방'으로 보내야 한다. 그리고 잠재의식이 나쁜 기억을 소환할 때마다 그 즉시 소멸의 방으로 보내야 한다.

과거의 안 좋은 기억은 나를 무너뜨리는 시작이 된다. 우선 기분이 불쾌하고 느낌이 안 좋다. 이어서 스트레스가 밀려온다. 과거의 나쁜 기억은 생각나는 즉시 의미가 없다고 선포하고 의미를 부여해서는 안 된다. 기억이 생성되는 시점에서 차단하고 소멸의 방으로 보내야 한다. 나쁜 기억은 부정적인 의식에서 만들어졌기 때문에 나쁜 기억의 필름이 돌아가기 전에 인식하고 스위치를 꺼야 한다. 나쁜 기억의 필름을 즉시 소멸의 방으로 보내야 한다.

사람은 만물의 영장이다. 내 생각이 지배력을 가질 수 있다. 그래서 소멸의 방으로 나쁜 기억들을 돌려보낼 수 있다. 부정적인 생각과 기억들을 주저하지 말고 소멸의 방으로 잘 보내면 나의 의식은 개혁되고 성장을 이룬다. 내 의식이 성장하면 긍정의 생각도 커진다. 의식이 성장하고 긍정의 생각이 커지면 성공과 풍요가 나를 맞이한다. 그리고 나는 행복하게 누리면 된다.

꿈을 꾸는 자는 은을 얻는 것보다 낫고 그 이익은 금보다 낫다. 생각을 하는 것은 꿈을 꾸는 것이다. 꿈의 오른손에는 장수가 있고 왼손에는 부귀영화가 있다. 꿈을 꾸는 사람은, 목표를 세우고 버킷리스트를 설계하고 계획하는 사람이다. 이런 사람은 하나님께 은총을 받고 사람 앞에서는 귀중하게 섬김을 받는다. 그리고 꿈을 꾸는 자는 '성공과 풍요'를 기업으로 받는다.

긍정적인 의식이 성장하면, 꿈이 우리를 부른다. 울퉁불퉁 비포장 도로에서 달리는 차가 고속도로를 편안하게 달리는 것이다. 아무런 꿈도 꾸지 않고, 아무런 일도 하지 않으면, 아무런 일도 일어나지 않는다. 평소 하던 일만 계속한다면 숙련돼서 일은 잘 할 수 있겠지만, 그 일이 본인이 좋아하지 않는 일이라면 즐겁지도 않고 행복하지도 않다. 꿈이 없는 평범한 삶이다.

꿈을 꾸는 사람은 새로운 일이 발견되고, 새로운 아이디어가 생각이 나고, 에너지가 솟아난다. 삶이 변화고 발전하는 것이다. 결과는 꿈이 현실이 돼서 성공과 풍요를 선물로 준다.

우리의 인체는 '자기진단'과 '자기 수정'을 통해서 인체의 손상이 있을 때마다 스스로 치유하는 능력이 있다. 이 능력은 인체 곳곳을 '파수병'처럼 지키고 있다. 이게 바로 '자연치유력'이며 그 작용이 '자가 치유체계'이다. 그러므로 병이 들었다고 하는 것은 이 치유체계가 정상적으로 활동하지 못한다는 것을 뜻한다. 우리 인체는 머리부터 발끝까지 '상호 유기적인 작용'을 하므로 병을 낫게 하는 비결은 이 '자가 치유체계'를 건강하게 만들어주고 인체의 각 기능을 정상적으로 회복할 수 있도록 그 작용을 도와주는 것이다.

하나님은 우리의 인체를 스스로 치유할 수 있는, 자연치유력을 선물로 주셨다. 그리고 운동과 식단 조절이면 웬만한 병은 다 치유된다. 하지만 '마음의 병'이 생기면 어떻게 할 것인가? '마음의 병'은 왜 생기는 걸까? 걱정과 근심, 두려움에서 온다. 이것은 부정적인 생각에서 시작된다. 즉, 부정적인 생각이 깊어지면 '마음의 병'이 생기는 것이다. 그렇다면 '마음의 병'은 어떻게 고칠 것인가? '마음의 병'은 마음으로 고쳐야 한다.

'마음의 병'은 부정적인 의식으로 생겼으니, 긍정적인 의식으로 생각을 전환해야 한다. 부정적인 의식이 긍정적인 의식으로 바뀌면 '마음의 병'은 고쳐진다. '명경지수'라는 말이 있다. '한 점의 티나 흔들림이 없는 거울과 물처럼 맑고 고요한 마음'을 가리킨다. 나는 여기서 '명경'을 '긍정적인 의식'으로 표현하고 싶다. 그 이유는 '긍정적인 의식'이 '부정적인 의식'을 물리치고 '맑고 고요한 마음'을 주기 때문이다. 우리는 '긍정적인 의식'을 잠재의식에 좋은 기억으로 만들어서 저축해야 한다.

"슬기로운 현재의식은 잠재의식과 소통을 잘한다."

스스로 잠재의식의
나침판이 되자

버킷리스트가 월별로, 분기별로, 년 단위로 계획돼있는 사람은 잠재의식의 나침판이 되는 사람이다. 모든 사람은 꿈을 가지고 있다. 대다수는 꿈으로만 가지고 실천은 하지 못하고 세월만 보낸다. 일 년 전에 했던 계획이 꿈으로만 정체된다. 실천하지 못하는 사연도 많고 변명도 많다.

내가 잠재의식의 나침판이 되기 위해서는 정해진 시간을 확보해야한다. 신은 모두에게 공평한 시간을 나눠줬다. 부자에게도 가난한 사람에게도 시간은 똑같다. 변명할 수 없는 진실이다. 나의 성공 시간을 모아 버킷리스트를 만들어보자.

먼저 잠은 '밤 10시부터 새벽 5시까지' 잠을 자는 것이 좋다. 이 취침시간을 잘 지키는 사람이 건강도 지키고 성공할 확률이 높다. 사업이 잘돼도 이 시간에 잠을 자야 한다. 사업이 안 돼도 이 시간에 잠을 자야 한다. 사람의 생체리듬은 '밤 10시부터 새벽 5시까지'의 잠을 좋아한다. 그 시간의 잠은 보약 중에서 보약이고, 우리의 뇌가 가장 좋아한다. 그런데 우리는 이 시간을 회식, 모임, 드라마, 컴퓨터 게임 등으로 쓴다. 그렇게 되면 잠자는 시간을 빼앗기에 되고 잠재의식의 나침판이 될 수 없다. 시간이 아깝다고 잠자는 시간을 탈취하면서까지 사업을 하거나 일해서는 안 된다. 잠자는 시간을 탈취하면서 성공해서 돈을 벌어도 진정한 성공이 아니다.

과거에 나는 잠자는 시간이 아까워 주야로 연구하고 일하며 돈을 번 적이 있다. 그렇게 하는 것이 당연한 줄 알았다. 항상 건강하다고 착각하고 밤새워 일한 것이다. 결국 몸은 피로로 누적되고 망가지고 말았다. 망가진 몸을 회복하는 데는 많은 대가를 지급해야 한다. 시간과 돈, 가족들의 희생을 대가로 지급해야 한다.

심하게 아파보면 돈도 필요 없고 건강이 최고라고 인정하게 된다. 나는 절반의 성공은 '밤 10시부터 새벽 5시까지' 규칙적인 잠을 자는 것이라는 것을 많은 대가를 지불하고 깨닫게 됐디. 이 시간은 잠재의식의 시간이다. 잠재의식의 시간을 탈취하면 안 된다.

이제 잠자는 이외의 시간을 설계하고 계획해야 한다. 나침판이 없으면 목적지까지 갈 수가 없다. 내 인생의 나침판은 버킷리스트다. 그래서 버킷리스트 계획을 잘 세우는 사람이 성공의 문에 빨리 들어간다.

지금 이 시각, 현재가 나의 현주소다. 현재를 계획해야 한다. 즉, 하루의 계획을 세워야 한다. 하루의 계획을 세웠으면 반드시 내게 상을 주는 시간을 가져야 한다. 나의 경우는 내게 칭찬의 상을 준다. "오늘 하루 훌륭하게 잘했어", "잘 참아줘서 고마워, 그 어려운 걸 해내다니! 정말 대단해!" 하고 칭찬한다. 그리고 맛집, 영화관, 미장원에 가기도 한다. 나를 칭찬할 수 있는 사람이 행복을 아는 사람이다. 행복을 아는 사람이 행복을 불러올 수 있다. 잠자기 전에 여러분을 꼭 칭찬하고 격려하기를 바란다.

하루의 계획을 세웠으면 일주일 계획을 세워야 한다. 한 주간의 계획 가운데 자기 계발을 할 수 있는 의식 성장의 시간을 꼭 넣어야 한다. 성공한 부자들의 책이나 영상을 보고 의식 성장을 해야 한다. 나이와 관계없이 새 능력 개발을 하지 않는 사람은 달리는 차에 기름을 넣지 않는 사람이다. 기름이 떨어진 차는 달릴 수가 없다. 제자리에 멈춰 있을 수밖에 없다. 그리고 자기 계발하지 않는 사람과는 거리를 두고 만나지 않는 것이 좋다.

일주일의 계획을 세웠으면 월 계획을 세워야 한다. 월 계획안에 한 달 동안 꾸준하게 실천할 수 있는 계획이 있어야 한다. 예를 들면, 30분 먼저 출근하기, 30분 운동하기, 30분 책을 읽기, 하루에 한 번 착한 일 하기, 하루 다섯 번 양보하기, 하루 10분 웃기, 하루 세 번 버킷리스트 선포하기 등이다.

월 계획을 세웠으면 년 계획을 세워야 한다. 년 계획안에 성과를 확인하는 계획이 있어야 한다. 예를 들면, 적금 타기, 해기사 면허 자격증 취득하기, 새로운 수입 만들기, 새 차 사기, 작가 되기, 여행 다녀오기 등이다.

잠재의식의 나침판이 되기 위해서는 행동하고 실천해야 한다. 실천하기 위해서는 설계 도면이 필요하다. 내 집의 설계 도면이 버킷리스트다. 잠재의식이 한눈에 볼 수 있는 버킷리스트를 작성해야 한다.

우리는 우리가 주도하는 삶을 살아야 한다. 버킷리스트 계획을 설계하지 않으면 사는 대로 삶을 살게 된다. 이런 삶은 그냥 사는 것이다. 우리는 우리가 생각하는 대로 삶을 살아야 한다. 즉, 풍요롭게 누리며 사는 삶을 말한다. 나의 작은 '설계 도면'이 경험이 쌓이면 큰 빌딩을 짓는 '설계 도면'으로 변하는 것이다.

나는 오늘 하루를 어떻게 행복하게 지낼까를 생각하고 연구한다. 그 이유는 하나님께서는 내가 행복하고 기쁘게 살면 정말 좋아하시기 때문이다. 하나님은 내가 풍요롭게 행복하게 누리면서 사는 것을 제일 좋아하신다.

오늘도 고속도로로 출근한다. 장유IC에서 진입해 서부산IC 요금소를 빠져나가 동서고가도로를 진입한다. 이 도로는 항상 차가 정체한다. 서로 먼저 가려고 곡예 운전을 한다. 갑자기 자가용이 깜빡이도 안 켜고 쑥 들어온다. 위험한 순간이다. 강아지 시리즈가 입에서 나오려고 하는 순간이다. 하지만 참는다. 예전에는 빵빵 클랙슨도 누르고 강아지 시리즈도 많이 했는데 지금은 하지 않는다. "급한 일이 있나 보네! 바쁜가 보네!" 하고 넘어간다.

어느 날 가만히 생각해보니 내가 차 안에서 욕을 한다고 상대방이 듣는 것도 아니다. 내가 욕하고 내가 듣고 있는 것이었다. 한심한 생각이 들었다. 그 일 이후로는 의식적으로 참는다. 정확하게는 내게 욕을 하지 않는다.

사람은 어려울 때, 고난이 닥칠 때, 술에 취했을 때 위험한 순간이 오면 숨어있던 본성이 나온다. 잠재의식 안에 있는 부정적인 성격이 자기도 모르는 사이에 나오는 것이다. 숨길 수가 없다. 내가 만나는 사람이 사업 파트너나 배우자감이라면 몇 번의 술자리와 동승을 꼭 해봐야 한다. 그리고 부정적인 사람이라면 아쉬워 말고 헤어져야 한다.

그런데 우리에게도 이런 부정적인 습관이 있다면 발견할 때마다 소멸의 방으로 보내야 한다. 나 또한 '이러한 부정적인 생각이나 습관을 소멸의 방으로 보낸다고 없어질까?' 하는 의심이 많았다. 그래도 '한번 해보자!' 하고 실천했다. 그러자 놀라운 일들이 생겨나기 시작했다. 부정적인 생각과 습관들이 줄어들기 시작했다. 나는 지금도 부정적인 생각이나 습관들이 나타날 때 즉시로 소멸의 방으로 보내 버린다. 소멸의 방은 '내가 잠재의식 안에 만들어 놓은 방이다. 즉, 부정적인 생각과 부정적인 습관을 소멸시키는 방이다.' 부정적인 생각과 습관이 점점 줄어들면 의식이 개혁되고 의식이 성장한다.

그렇게 의식 성장을 한 나는 나 자신을 더 신뢰하게 됐다. 더 나아가 잠재의식의 나침판이 돼서 주도적인 삶을 살아가고 있다. 잠재의식의 나침판이 된다는 것은, 내가 내 삶을 주도적으로 이끌어 간다는 것이다.

성경 말씀에 '믿음은 바라는 것들의 실상이요 보이지 않는 것들의 증거니'라는 말씀이 있다. 즉, 믿음은 꿈과 목표를 이미 이뤘다는 것이다. 그 증거가 믿음이라는 것이다. 단지 우리에게 필요한 것은 어린아이같이 의심 없는 순수한 믿음이다.

"현재의식의 긍정적인 입술의 확언이
나를 풍요롭게 한다."

잠재의식은
우주랑 소통하는 게이트다

부산 동서고가도로로 출근 중이다. 차 안에서 꿈과 희망, 즉 버킷리스트를 선포하고 잠재의식에게 전달하는 중이다. '으하하하! 호탕하게 크게 웃는다! 나는 지구촌 메신저다', '으하하하! 나는 천억 부자다', '으하하하! 나는 베스트셀러 작가다!', '으하하하! 하루 매출 삼백만 원, 월 매출 구천만 원, 년 매출 십억 팔천만 원을 초과 달성했다!', '으하하하! 나는 3년 안에 현금 십억을 보유한다!', '으하하하! 나는 백이십 살까지 행복하고 건강하게 부자로 산다!' 이렇게 한번 웃고, 버킷리스트 한 가지를 선포하면서 반복한다. 차가 들썩일 정도로 크게 웃는다. 잠재의식에게 계속 전달한다. 퇴근할 때도 똑같이 한다.

웃으면 웃을 일이 자꾸 생긴다. 웃으면 몸과 마음이 건강해진다. 건강한 웃음은 태양과도 같아서 마음속의 어둠이 물러간다. 여러분도 실천해보기를 권한다. 우리는 계속해서 한 줄로 된 버킷리스트를 외워서 어느 장소든지 잠재의식에게 배달해야 한다. 하루에 몇 번 잠재의식에게 배달해야 할까? 처음에는 하루에 한 번 하고 다음 날은 두 번 그다음 날은 세 번 이렇게 횟수를 늘려나가면 좋다. 구구단을 외우듯이 계속 선포하라! 숙련되면 버킷리스트 목록이 사진처럼 한 번에 보인다. 그리고 잠재의식에게 배달하는 속도가 점점 빨라진다.

어느새 차는 정체 구간에 진입했다. 차들은 거북이걸음으로 가고 있다. 갑자기 차 뒤쪽에서 구급차 사이렌 소리가 들린다. 나는 본능적으로, 차를 바깥으로 차선을 변경한다. 구급차 소리가 가까울수록 앞에서 달리는 자가용, 트럭, 컨테이너 트럭, 관광버스, 택시 등 모든 차들이 바깥 차선 양쪽으로 길을 비켜준다.

구급차는 가운데로 사이렌을 울리면서 달린다. 차들이 갈라지면서 새롭게 만들어 놓은 도로를 구급차가 달리는 모습이 감동적이다. 코끝이 찡해진다. 달리는 구급차를 보며 환자가 무사하기를 기도한다. 나는 새로운 도로를 만들어준 모든 운전자에게 뜨거운 감사를 보낸다.

버킷리스트가 잠재의식에게 배달되면 구급차와 같다. 잠재의식은 버킷리스트를 빠르게 목적지까지 데려다준다. 잠재의식은 우리의 꿈과 소원을 기다리고 있다. 간절하고 진실한 마음으로 잠재의식에게 맡기면 된다. 지속해서 버킷리스트를 잠재의식에게 배달해야 한다. 내 버킷리스트를 '이심전심'으로 잠재의식에게 저축하는 것이다. 위대한 '발견', 즉 '꿈'은 계속 집중해서 결과를 만들어낸다.

내 잠재의식은 우주랑 소통하는 문이다. 잠재의식은 어디든 자유롭게 갈 수 있다. 즉, 나는 갈 수 없지만, 잠재의식과 하나가 되면 나도 갈 수가 있다. 우리의 생각은 창조력을 갖고 있다. 모든 창조력은 하나님에게서 온다. 우주의 마음 '처음과 끝'을 주관하시는 분이 하나님이시다. 그래서 우주의 마음은 생명의 근원이요 창조의 근원이다. 곧 우주와 소통한다는 것은 하나님과 소통하는 것이다. 그래서 우리는 하나님의 창조에너지가 흐르는 문이다.

똑같은 병이 있는데, 물을 담으면 물병, 콜라를 담으면 콜라병, 사이다를 담으면 사이다병, 구정물을 담으면 구정물 병이 된다. 무엇을 담느냐에 따라서 그 쓰임새가 달라지는 셈이다. 이처럼 잠재의식도 내가 매일 습관적으로 반복하는 현재의식, 즉 '오감과 이성' 이미지에 따라서 현실을 창조하게 된다. 우리는 이점을 깨닫고 느껴야 한다. 그 이유는 나의 삶이 내 생각으로 만들어진다는 것을 알게 돼, 내가 원하는 더 '풍요로운 삶'을 위해 노력하기 때문이다. 내가 바라는 이미지를 매일 규칙적으로 생각하고 선포하면, 거기에서 부와 성공이 만들어지기 시작한다. 또한, 그것을 조금도 의심하지 말고 믿어야 한다.

밥솥에 취사 버튼을 누르고, 시간이 지나면 맛있는 밥이 완성된다. 취사 버튼을 누르고 기다리기만 하면 된다. 밥솥 안에 있는 '쌀'은 버킷리스트이고 잠재의식은 '밥솥'이고, 완성된 따뜻한 '밥'은 버킷리스트의

'꿈'이 이뤄진 것이다. 잠재의식은 내가 필요한 것은 꼭 기억해서 이뤄 내고야 만다. 그래서 매일 규칙적으로 버킷리스트의 '꿈'을 반복하고, 이미지화해서 선포하고 간절하게 믿으면 이뤄진다.

세계의 많은 아미들이 BTS에게 관심을 가지고 사랑하고 있다. BTS 노래가 좋아서 '적응'이 된 것이다. '적응'이란 BTS 존재를 아미들이 인정하고 받아들인 것이다. 이처럼 우리는 잠재의식을 인정하고 잠재의식에 적응돼야 한다. 그러면 BTS와 함께 누릴 수 있다. 즉, 우리의 버킷리스트의 '꿈'과 풍요를 누리는 것이다.

우주의 마음은 모든 '생명의 에너지의 근원'이다. 그리고 모든 '재료의 근원'이다. '무한한 우주의 에너지'를 잠재의식은 내게, 내가 주문한 버킷리스트의 '꿈'을 가져다주는 것이다. 버킷리스트의 '꿈', 즉 목표가 어떤 경로로 내게 오는지 정확하게 인식하게 되면 '에너지의 근원'인 우주와 소통하게 된다. 그리고 우주의 마음은 나의 잠재의식을 통해 내게 나타낸다.

내가 어렸을 때, 가출해서 부산진역에서 기차를 나고 시울 용산역까지 가는데, 걸리는 시간은 10시간이다. 하지만 지금은 SRT 열차는 2시간 40분 정도면 서울에 도착한다. 예를 들어 비유하자면 내가 현재 의식만 가지고 살면 10시간 걸리지만, 잠재의식을 사용하면 2시간 40분 걸리는 것이다. 세상은 모든 면에서 빠르게 변하고 있다. 그래서 우리는 더 많이 잠재의식과 소통해야 한다.

삶은 눈 깜짝할 사이에 지나간다. 현재의식을 성장시켜야 한다. 돈의 노예가 돼서는 안 된다. 돈을 기쁘게 사용하는 사람이 돼야 한다. 꿈은 돈이다. 돈을 값진 곳에 사용하면, 꿈도 신이 나서 사방에서 꿈이 몰려온다. 즉, 돈이 사방에서 떼 지어 몰려온다.

우리는 내게 찾아오는 느낌을 소중히 해야 한다. 느낌은 우주의 목소리다. 말은 씨앗이다. 좋은 품종의 종자를 심어야 한다. 농부들은 가끔 실수한다. 잘못된 정보로 혹은 가격이 저렴한 불량 씨앗을 사서 심는다. 당연히 수확 철이 되면 만족한 결과가 나오지 않는다. 또 씨앗은 좋아도 울퉁불퉁한 돌밭에 씨앗을 심는다면 역시 많은 열매를 맺을 수 없다.

현재의식이 가난하면 마음의 밭도 가난을 못 벗어난다. 마음을 풍요롭게 해야 한다. 우리는 우리의 마음의 밭을 풍요로운 기름진 땅으로 만들어야 한다. 현재의식을 개혁하고 의식을 성장시켜서 우수한 품종의 씨앗으로 만들어야 한다. 우수한 품종의 씨앗을 좋은 밭에 심으면 30배, 60배, 100배의 열매를 맺는다.

현재의식이 개혁되고 점진적으로 성장할수록 풍요로운 삶으로 가는 속도가 빨라진다. 현재의식이 성장하는 순서는 항상 기뻐하고 모든 일에 미리미리 감사하고 쉬지 않고 잠재의식에 내 꿈을 배달하는 것이다. 그러면 잠재의식은 우주와 소통해서 내 꿈을 가져다준다.

우주와 소통한다는 것은, 견고하고 강한 긍정적인 사람이 된다는 뜻이다. 잠재의식 속에 꿈이 있기 때문이다. 내 안에 가득한 열정이 있을 때는 꿈의 성장 속도가 빠르게 진행된다. 열정의 온도를 지속해서 높일 수 있는 사람은 지칠 줄 모른다. 열정의 온도가 높은 사람은 이미 이룬 꿈에서 즐기는 사람이다. 즉, 목표를 성취한 꿈에서 과정을 즐기는, 수준 높은 의식을 가진 사람이다. 긍정적인 부자들의 사고방식이다.

하나님은 우리에게 꿈이라는 선물을 주셨다. 그리고 나는 느낌과 상상력으로 그 꿈을 맞이하고 우주의 에너지와 소통을 하게 된다. 결국 꿈은 나를 성장시키는 촉진제가 돼서 목표에 도달하게 된다.

느낌, 즉 영감은 내부에서 나온다. '느낌'은 받아들이고 인정하는 것이다. 내 꿈을 인정하고 받아들이면 삶은 풍요롭고 윤택하게 된다. '느낌과 영감'은 내가 가진 힘이다. 그리고 하나님은 내가 가진 '느낌과 영감'으로 풍요롭고 행복하게 살기를 원하신다.

> "잠재의식의 엄청난 능력을 찾아서 사용하는 것은
> 슬기로운 현재의식이다."

잠재의식에 꿈을 심는 자는
목표를 이룬다

내가 생각하는 행복이란 무엇일까? '행복의 의미'를 사전에서는 생활에 만족해 즐겁고 흐뭇하게 느끼는 감정이나 상태라고 정의하고 있다. 이것은 즐겁고, 만족스럽고, 흐뭇하고, 내가 축복을 많이 받은 것을 느끼는 마음의 상태를 말한다. 예를 들어, 내가 평소 생활에서 기쁨이나 즐거움을 느낀다. 또 나는 복이 많다. 그리고 어떤 사람을 사랑하고 그 사람으로부터 사랑받고 있다고 느끼면 나는 행복하다고 말할 수 있다.

행복의 특징은 자기 삶을 평가하는 자신에 대한 만족이다. 또한 행복의 양에는 제한이 없다. 그리고 행복에는 자신만의 '행복 세트 포인트'가 있다. 영국의 철학자 '데이비드 흄'도 사람이 하는 모든 노력의 궁극적 목적은 '행복의 달성'이라고 말했다. 행복한 사람은 긍정적인 감정과 함께 '삶의 의미'도 느낄 수 있다. 이때 행복의 의미에는 목적의식이 포함돼있다. 따라서 의미 있는 삶은 가장 오랫동안 지속하는 기쁨을 선사한다.

　이렇게 행복에 대해 자세하게 말하는 이유는 참된 행복을 모르고서는 부자가 될 수 없기 때문이다. 행복하기 위해서는 목표를 세우고 그 목표를 달성하기 위한 계획을 세우고 목숨 걸고 노력하기 때문이다. 가난해서는 참된 행복을 말할 수 없다.

　새벽 2시, 엄마가 의식이 없다. 당뇨합병증을 앓고 계시는 엄마는 시간에 상관없이 의식을 잃고 쓰러지신다. 옆에 사람이 없으면 생각하기 싫은 위험한 상황이 발생한다. 나는 신속하게 119에 전화를 건다. 그리고 주치의가 있는 대학병원 응급실로 모시고 간다. 이렇게 당뇨합병증으로 고생하시던 엄마는 일주일에 두세 번씩 119구급차에 실려 종합병원 응급실에 가서야만 했다. 때론 낮에 때론 밤에 병원 응급실에 실려 가셨다. 병원에 도착해서 위급한 순간이 지나고 엄마가 안정을 찾으시면 나는 한숨을 돌리고 "아! 하나님 감사합니다. 정말 감사합니다" 외쳤다. 그러면서 나도 모르게 뜨거운 눈물을 주르륵 흘렸다.

　감격과 기쁨을 느낄 순간도 없이, 현실로 돌아오면 감당하기 버거운 병원비 마련 때문에 숨을 쉴 수가 없었다. 계속 반복되는 상황 때문에, 결국 나는 기초생활수급자가 됐다. 엄마는 8시간마다 하루 세 번씩 '신장 투석액'을 교체해야 해서 아내와 난 아무 일도 할 수 없었다.

이 시절에 난 중학교에 다니는 아들과 아내에게 아무것도 해줄 수 없었다. 그것이 지금도 마음 한쪽에 응어리져 고마움과 미안함으로 각인 돼있다. 여보, 사랑해. 아들아, 사랑한다.

그렇게 3년이 지난 어느 날 밤에 엄마는 구급차에 실려서 응급실에 갔다. 그러곤 소생하지 못하셨다. 산소마스크를 쓰고 계시다가 아들과 아내와 내가 지켜보는 가운데 하늘나라로 가셨다. 그날 엄마 임종 직전에 나는 신비한 영적 체험을 했다. "아들아 고맙다. 고생했다. 수고 많았어"라는 엄마의 음성이 들리는데 '이게 뭐지' 싶었다.

엄마는 산소마스크를 쓰고 계시고 의식이 없어서 말씀을 못 하시는데…. 나는 '어디서 들리는 음성이지?' 생각하면서 병실을 둘러보았다. 그리고 나는 '엄마가 내게 하시는 마지막 말씀이구나' 싶었다. 그 순간 엄마가 하늘나라로 가셨기 때문이다.

이날 참 많이 울었다. 주체할 수 없이 흐르는 눈물보다, 엄마와 제대로 된 여행 한번 못 간 것이 서러워서 울고 또 울었다. 엄마 미안해, 정말 미안해, 엄마 사랑해….

엄마를 하늘나라로 보낸 슬픔이 채 가시기도 전에 또 절망적인 소식을 접해야만 했다. 아내가 종합검진을 받다가 '갑상샘암'이 발견되고, 유방에서 '혹'이 발견되고, '자궁근종'도 발견됐기 때문이다. 하늘이 노랬다. 숨이 막혔다. 어떻게 이런 일이…, 나는 아내를 살려야만 했다.

아들과 상의하고 이사 승낙을 받았다. 아들이 엄마의 치료가 우선이라면서 김해로 가는 것을 허락한 것이다. 아들에게는 정말 미안했다. 아빠가 목회자란 이유로 중학교 2학년 때까지 이사를 일곱 번이나 했기 때문이다. 나는 내 모든 피와 땀으로 섬긴 개척교회를 설립 3년 만에 안타깝게 후임자에게 물려줬다. 그리고 아내의 고향인 경남 김해로 와서 아내의 치료와 요양에 최선을 다했다.

김해로 와서 생활비와 아내의 치료비를 벌기 위해서 목사라는 직분을 내려놓고 닥치는 대로 일해야만 했다. 하루하루가 절박했다. 그러던 중 '황솔양치소금'을 개발하고 '만복쏠트'라는 소금공장을 창업하게 됐다. 사용해 본 사람들이 너무 좋다며 "잇몸이 좋아졌다", "입 냄새가 없어졌다", "시린 이가 좋아졌다", "풍치가 좋아졌다", "치석이 떨어져 나갔다"라고 내게 자랑했다.

그렇게 입소문이 나면서 사람들이 '황솔양치소금'을 찾기 시작했다. 사용해 본 사람은 계속 재구매했다. 전국 각처에서 택배 주문도 들어왔다. 하지만 제품은 너무 좋은데, 소규모 창업자가 유통하기에는 자본이 너무 많이 들었다. 그래서 내게 맞는 판매 루트를 찾다가 찜질방, 상점, 약국 등에 납품하기 시작했다. 남는 시간에 부산에 가서 홍보도 하고 직접 판매하기도 했다. 장사를 시작하면서 생활에 안정도 찾아왔다. 그리고 사랑하는 아내는 '생체리듬 마사지요법'과 장모님의 지극정성과 언니들의 간호 덕분에 건강을 회복했다.

끝까지 포기하지 않고 병마와 싸워 이긴 아내가 고맙고 사랑스럽다. "여보 고생 많았어! 여보 사랑해! 그리고 사랑하는 아들 명철아, 고생 많았어! 수고했어! 고마워, 말 못 할 고민이 많았을 텐데, 어려움을 극복하고 잘 성장해줘서 고마워! 아들 사랑한다. 하나님 감사합니다!" 나는 지금 행복하다. 그리고 나의 꿈의 여정은 진행하고 있다.

내 나이는 57세다. 나는 꿈이 고프다. 변함없이 꿈을 느끼고 상상한다. 그 꿈이 살아서 활동한다. 나의 첫 번째 저서《생체리듬 피부 마사지》에 이어, 18년 만에 두 번째 책《잠재의식을 내 편으로 만드는 기술》을 집필하고 있다.

나는 하루 세 번씩 잠재의식에 나의 마지막 버킷리스트 '건강하고 행복하게 120세까지 부자로 살기'를 저축하고 있다. 나는 이 목표 때문에 모든 것에 최선을 다하고 노력한다. 건강하기 위해서 운동하고 음식을 절제한다. 건강한 몸으로 일할 수 있도록 말이다. 건강을 지키지 못하면 행복은 점점 멀어진다. 건강은 건강할 때 지켜야 한다. 또한 부자가 돼야 한다. 부자처럼 생각하고 부자처럼 행동하고 부자가 되기 위해 목숨을 걸어야 한다. 내가 말하는 부자는 '선한 영향력'을 이웃에게 전파하는 부자를 말한다.

암에 걸렸는데 병원비가 없어 치료받지 못해 죽어 가면 행복하다고 말할 수는 없다. 가난으로 집에 먹을 것이 없어 자녀들이 굶고 있는데 행복하다고 말할 수는 없다. 극단적인 사례지만 지금도 우리 주변에서 일어나고 있는 일들이다. 자의든 타의든 우리가 '선한 영향력'을 이웃에게 전파하는 부자가 돼야만 하는 이유다.

부는 곧 행복과 직결된다. 그 때문에 부자로 가는 길을 열심히 배우고 익혀서 부자가 돼야 한다. 우리는 부자를 미워해서는 안 된다. 그들을 가까이해야 한다. 부자들은 세금을 많이 내고 있으면서도, 더 많은 세금을 내기 위해서 밤낮으로 부를 키우는 방법을 생각하고 또 생각한다. 참으로 고마운 사람들이다. 물론 졸부들, 부정한 방법으로 부를 거머쥔 사람들도 있다. 하지만 그런 사람은 극소수에 불과하다. 이들 때문에, 정당한 방법으로 부를 이룬 사람들을 욕해서는 안 된다. 부자들을 욕하는 사람은 절대 부자가 될 수 없다.

내가 부자가 되려는 궁극적인 이유는 세상의 '빛과 소금'으로 120살까지 살면서 하나님의 영광을 위해 지구촌에 '선한 영향력'을 펼치고, 재능기부를 하고, 돈을 '유익한 곳'에 기쁘고 행복하게 쓰기 위해서다. 그 꿈을 상상하면 가슴이 벅차고 감동이 밀려오고 행복하다.

'우리는 목표를 다 이뤘다. 꿈을 다 이뤘다'라고 생각을 하고 이 돈을 어떻게 사용할 것인지를 상상해야 한다. 돈을 쓰는 상상을 해야 한다. '집을 살 것이다', '땅을 살 것이다', '차를 살 것이다', '세계여행을 할 것이다', '부모님의 소원을 들어줄 것이다', '자녀들을 유학을 보내줄 것이다', '장학재단을 세울 것이다' 등 목표를 이룬 그것처럼 행동하라는 것이다. 부자들과 잠재의식의 대가들은 이렇게 생각하고 행동한다. 이것이 생각대로 사는 행복한 삶이다.

나는 시간이 날 때마다 내 잠재의식에 '나는 건강하고 행복하게

120세까지 풍요롭게 산다'라고 말하고 잠재의식에 저축한다. 그리고 현재의식에도 명령한다. '나는 건강하고 행복하게 120세까지 풍요롭게 산다'라고. 이 글을 읽는 여러분도 외쳐야 한다. '나는 건강하고 행복하게 120세까지 풍요롭게 산다'라고 일주일만 외쳐 보라. 여러분에게 목표가 생기고, 건강하고 행복하게 사는 부자가 되는 데 필요한 수많은 아이디어가 용광로처럼 분출할 것이다.

> "가장 지혜로운 사람은
> 잠재의식을 내 편으로 만들어서 소통하며
> '고난과 역경'을 거름으로 삼고
> 꿈의 열매를 따서 먹는 자다."

6장

잠재의식을
잘 데려오는 방법

내가 필요로 하는 것을
창조하는 잠재의식

성탄절 트리를 설치하기 위해 교회 십자가 종탑에 올라간다. 가파른 계단을 지나서 교회 종탑 옥상에 도착했다. 밖으로 나가는 순간 세찬 바람이 볼살을 마사지한다. 부산 영도의 12월 10층 높이의 종탑의 바닷바람은 매섭다. 눈물 콧물이 자동으로 나온다. 성탄절 트리 전구를 종탑 꼭대기에 설치해야 한다.

종탑 외부에 있는 철계단을 올라가야 한다. 갑자기 등에 식은땀이 흐른다. 한 계단, 한 계단, 두려움을 극복하고 올라간다. 다리가 후들거린다. 무섭다. 그래도 꼭대기까지 올라가야 한다. 이때의 심정은 마치 순교하는 마음이다. "하나님 무사히 설치해서 많은 사람이 성탄절의 기쁨에 동참하게 해주세요" 하고 간절히 기도한다.

마침내 꼭대기에 도착했다. 세찬 바람이 나를 데려가려고 한다. 머리카락이 쭈뼛하고 곤두선다. 날씨는 추운데 등에서는 땀이 등골을 따라 흘러내린다. 자칫 실수라도 하면 곧장 추락이다. 서둘러서 안전 띠 장치를 하고 트리 전구를 설치를 시작한다. 아홉 줄의 트리 전구를 종탑에 간격에 맞춰서 힘겹게 설치를 마치고, 점등 스위치를 올리라고 신호를 보냈다.

빨, 주, 노, 초, 파, 남, 보, 무지개 색깔의 전구가 환하게 빛을 발한다. 트리 전구의 빛을 보는 순간 두렵고 떨리는 마음이 사라지고 감동과 환희로 기쁨이 충만해진다. 이쁘게 반짝이는 전구와 종탑에서 내려다보이는 바다와 영도 다리 주변 경관이 아름답다.

"하나님 감사합니다. 올해도 많은 사람이 성탄절 트리를 보고 용기와 희망을 얻고 기쁘고 행복한 성탄절 되게 해주세요! 예수님 이름으로 기도합니다. 아멘."

27세 때 내 잠재의식 안에 있는 은혜로운 기억이다. 어느덧 30년이라는 시간이 흘렀다. 해마다 성탄절이 되면 그 시절 그때 목숨을 걸고 성탄절 트리를 설치하는 모습이 감동으로 밀려온다.

나는 많은 병자를 하나님의 은혜로 치유했다. 병자들을 마주하면 하나님께서 감동을 주신다. 사람마다 치유하는 방법을 알려주신다. 때로는 하나님께 기도해서 병을 고치게 하셨고, 기도해서 안 되는 병자들은 '생체리듬 마사지 치유법'과 '다이돌핀 웃음 치유법'으로 치유하게 하셨다.

하나님은 집회와 세미나로 전국에 있는 병자들을 위로하고 치유하게 하셨다. 참 많은 병자를 만났다. 긍정적인 의식, 긍정적인 마음, 긍정적인 믿음을 가지고 오는 사람들은 병이 잘 치유된다. 반대로 부정적인 의식, 부정적인 마음, 부정적인 믿음을 가지고 오는 사람들은 병이 치유되는 시간이 오래 걸린다.

전국 많은 곳에서, 병을 고친 사람들이 감사의 편지를 보내왔다. '생체리듬 피부 마사지' 이해를 돕기 위해 몇 분만 소개하고자 한다.

서울 송파구 거여동 이○○ 권사

누구보다도 건강에 자신 있던 저의 남편이 '뇌경색'으로 쓰러지셔서 많은 날을 병원에 의존해 오던 중에 노진섭 전도사님을 알게 돼 생체리듬 마사지를 받았습니다. 놀랍게도 남편의 머리에 있던 혹이 병원에서도 고칠 수가 없었는데 생체리듬 마사지를 받은 후에 감쪽같이 없어졌습니다.

그리고 발가락의 신경이 죽어서 발가락이 움직이지 못했는데 생체리듬 마사지를 받은 후에 발가락도 움직이고 가지고 다니는 지팡이도 의지하지 않을 정도로 좋아졌습니다. 또 딸아이는 10년 동안 목 디스크로 고생을 많이 했는데 생체리듬 마사지를 받은 후에 목 디스크가 나았습니다.

저도 직장생활을 하면서 무릎이 불편했는데 생체리듬 마사지를 받은 후에 저 역시도 지금은 다리가 점점 나아지고 얼굴도 생기가 돌고 피부가 좋아지고 몸도 한결 가벼워지는 것을 체험했습니다. 전도와 선교 그리고 섬김의 삶을 실천하고 계시는 전도사님 정말 감사드립니다.

경남 김해시 삼방동 김○○ 집사 43세

저는 어려서부터 축농증으로 온갖 고생을 하다가 오랫동안 병원 치료를 받았지만 아무런 효과도 없었으며 증세는 날이 갈수록 더 심해져 핏덩어리가 입으로 넘어오고 머리가 깨질 듯이 아파 정상적인 생활을 할 수 없었을 정도로 심했습니다. 병원에서 수술하자고 했지만 재발할 가능성이 크다고 해서 수술은 하고 싶지 않았습니다.

그러던 중 노진섭 전도사님의 생체리듬 피부마사지를 받았는데 놀랍게도 지긋지긋한 축농증이 나아 버렸습니다. 그리고 갈수록 피부도 좋아져 만나는 사람마다 기미 주근깨도 없어지고 얼굴도 작아지면서 예뻐졌다고 하면서 부러워했습니다.

또 놀라운 것은 빈혈과 두통 주부습진, 소화불량 등은 노진섭 전도사님이 알려주신 대로 했더니 즉시 효과가 나타났습니다. 약은 쉽게 구할 수 있어서 조금만 아파도 습관적으로 복용했는데 지금은 약을 먹지 않고 생체리듬 마사지로 우리 가족의 건강을 지키고 있습니다.

무엇보다도 하나님께서 노진섭 전도사님을 만나게 해주신 것이 제게는 가장 큰 은혜랍니다. 노진섭 전도사님의 귀한 사역 위에 하나님의 은혜가 충만하시기를 기도합니다.

수원시 팔달구 박○○ 집사 나이 46세

오래전 3년 동안 지압을 받은 시절도 있었습니다. 하나님만이 고칠 수 있는 병이었습니다. "하나님! 힘주세요, 전 못해요!"를 얼마나 외쳤는지…. 삶은 저에게 너무나 벅찼습니다.

지금은 감사로 이 글을 쓰게 돼서 기쁩니다. 생체리듬 마사지법을 접하는 순간 이거구나 하는 확신에 열심히 배웠습니다. 지금 배우는 것은 12분의 1 밖에 아니라는 전도사님의 말씀이지만 이 12분의 1 가지고도 훌륭하게 해내고 있습니다. 20년 만에 교회에 오시는 사람도 생겼고 자살 직전에 있는 분도 의욕을 갖고 새 삶을 힘차게 살게 됐습니다.

허리 디스크인 분도 나았고 저는 88치수에서 77치수로 변했습니다. 그리고 응급실에 실려 갔던 남편…. 이 치유를 받게 돼서 얼마나 기쁜지…. 감사합니다. 저에게는 많은 팬이 생겨나고 있습니다. 저를 인정해주고 저의 손길을 통해 기쁨과 소망을 갖는 사람들이 있다는 게 정말 행복합니다.

생체리듬 마사지 치유법이 많은 사람에게 속히 알려졌으면 좋겠습니다. 저와 같은 행복을 누릴 수 있도록 말입니다. 전도사님 사역을 위해 항상 기도드릴게요. 전도사님, 감사합니다.

부산 해운대구 김○○ 권사 69세

저는 69세인데 몸이 아파서 다 죽게 됐는데 얼굴도 노랗고, 교회 가다가도 식은땀이 나고 힘이 없어서 쓰러질 것 같아 30분을 벽에 기대서서 겨우 진정하고 할 수 없이 집으로 다시 돌아가곤 했는데 생체리듬 마사지를 받고 지금은 건강하게 돼 열심히 교회 봉사도 잘하고 있습니다.

또 손발이 혈액순환이 잘 안돼서 밤에 자다가 손발이 저려서 소리를 지르기도 하고 놀라서 바늘로 따기도 하고 입으로 팔을 깨물기도 하고 병원에 가기도 하고 한의원에 가서 침을 맞아도 소용이 없었는데 생체리듬 마사지를 했더니 감쪽같이 언제 없어졌는지도 모르게 나아 버렸습니다. 그리고 기억력도 좋아졌습니다. 이 은혜를 평생 어떻게 다 갚아야 할지 노진섭 진도사님 감사합니다.

서울 송파구 조○○ 권사 65세

저는 항상 피곤하고 힘이 없어서 힘들었는데 생체리듬 마사지를 받고 나서부터 힘도 생기고 활기를 되찾았습니다. 그뿐만 아니라 얼굴도

젊어지고 잔주름도 점차로 없어져 가고 있습니다. 나이가 65세인데 말이죠.

그런데 더욱 놀라운 것은 제 얼굴 가운데 있는 코 옆에 엄청나게 큰 사마귀가 있어서 항상 근심거리였는데 노진섭 전도사님께서 생체리듬 마사지로 없애 주셨습니다. 참으로 할렐루야입니다. 저는 요즘 기뻐서 막 자랑하고 다닌답니다.

게다가 피부가 좋아지고 피가 건강해져서 상처가 생겨도 빨리 낫는다는 것입니다. 전에는 조금만 상처가 생겨도 잘 낫지 않았는데 지금은 상처가 생겨도 걱정이 안 된답니다. 빨리 아물고 낫기 때문이죠. 그리고 제 다리가 안짱다리로 휘어져 있었는데 다리도 지금은 많이 교정돼서 지금은 이쁜 걸음도 걷게 됐답니다.

또 넘어져서 머리가 매우 아팠는데 지금은 머리도 다 나았답니다. 저에게 노진섭 전도사님을 알게 해주신 하나님께 감사를 드려요. 지금은 새벽마다 생체리듬 마사지가 더욱 많은 사람이 알게 돼서 저처럼 행복한 생활을 찾았으면 좋겠어요. 이 글을 읽는 모든 분에게 전합니다. 의심하지 말고 실천에 옮겨보세요. 아주 놀라운 일이 많이 생길 것입니다. 감사합니다.

경기도 고양시 덕양구 이○○ 집사 40세
저는 40세 주부인데 선천적으로 비염이 있어서 늘 코가 맹맹하고 감기만 하면 코가 막히고 코가 킁킁거렸는데, 머리만 감아도 그랬고 누가 전화하면 목소리가 맹맹하니까 감기 걸렸냐고 묻곤 했습니다.

그러던 중 교회 권사님을 통해 노진섭 전도사님을 알게 돼 비염 치유를 받게 됐는데 신기하게도 비염은 물론이고 생각지도 않았던 눈이 파르르 떨리던 증세마저도 깨끗이 사라지고 말았답니다. 저는 정말이지 눈 떨리는 증세는 너무 오래되기도 했고 병원에서는 "별 치료 방법이 없습니다"라고 해서 포기하고 있었는데 정말 놀라울 뿐입니다.

놀라운 것은 이것뿐만 아닙니다. 저는 겨울만 되면 손발이 터고 갈라지고 거칠어서 누구하고도 악수를 못 하고 스타킹도 신을 수 없어 치마는 입을 생각도 못 했습니다. 그래서 "비염하고 눈이 치유되니까 전도사님 혹시 이 손하고 발도 나을 수 있을까요?" 하고 물었더니 그렇다고 해서 그날부터 열심히 치료했더니 세상에 이럴 수가 내 손과 발이 새로 태어난 아기 손발같이 깨끗이 됐습니다.

그렇게 단단하던 굳은살은 어디론가 사라지고 부드럽고 깨끗한 손발이 됐습니다. 지금도 믿기지 않아서 하루에 몇 번씩 손을 쳐다보고 발을 만져보곤 한답니다. 저는 요즘 새로 태어난 기분이에요. 하루하루가 기쁘고 행복하답니다. 하나님께 모든 영광을 돌립니다. 노진섭 전도사님 감사드려요. 그리고 전도사님 귀한 사역을 위해 항상 기도하겠습니다.

경기도 부천시 소사구 김○○ 성도 34세

저는 임신 중에 자궁근종과 유방암이 생겨서 큰 어려움을 겪었습니다. 정말 눈물의 골짜기였습니다. 수술도 할 수 없고 약도 먹을 수 없고 아이마저 포기해야 하는 상황이었습니다. 바로 그때 노진섭 전도사님을 만나서 유방암과 자궁근종을 치유 받았습니다! 물론 아이도 잘 낳아 지금 건강하게 키우고 있습니다.

이것은 한마디로 기적입니다. 우리 가족은 모두 생체리듬 피부 마사지의 열렬한 팬이 됐습니다. 전도사님은 제 생명의 은인이십니다. 항상 기도할게요. 전도사님, 감사합니다.

충남 보령시 전○○ 목사

할렐루야! 저는 20대 후반부터 갑자기 건강이 나빠져 잇몸도 자주 붓고 허리도 심하게 아파 힘든 일을 하기가 어려워졌습니다. 무릎 관절도 약해져서 누구나 쉽게 걸어 다니는 길도 저는 다니기가 힘들 정도였습니다.

1km 걷고 나면 2~3시간을 자야 했던 때가 그때였습니다. 눈도 시리고 아파 어떤 때는 매운 고춧가루가 눈에 뿌려진 것처럼 심한 통증도 있었습니다. 그러다가 지금의 시골 교회에서 목회하게 되면서 약초와 좋은 공기를 접했고 덕분에 이런 현상이 없어지거나 많이 좋아지긴 했습니다. 그러나 근본적인 몸의 상태가 회복되지 않아 항상 마음에

무거운 근심이 남아 있었습니다.

그러다가 전주 ○○교회에 오신 노진섭 전도사님을 뵙고 생체리듬 피부 마사지를 받게 됐습니다. 이후 아프던 허리와 무릎이 굉장히 좋아지고 시력 또한 0.9~0.6에서 1.5 정도로 살아났습니다. 목도 아파서 각종 치료를 받았었지만 아무 소용이 없었는데 깨끗이 치유됐습니다.

이러한 기적이 너무나 쉽게 아무 부작용 없이 일어남으로 하나님의 은혜가 자연스럽게 전해지는 것이 얼마나 감사한지요. 노진섭 전도사님의 사랑과 수고에 감사드리며, 육체와 영의 고통을 겪고 계시는 수많은 분 들이 속히 이러한 하나님의 은혜를 체험하고 누리시게 되기를 원합니다.

서울시 도봉구 방학동 이○○ 집사 66세

저는 다리 무릎 관절이 아파서 오랫동안 병원에 다녔지만 계속 나빠지기만 했습니다. 그러던 중에 교회에서 생체리듬 피부 마사지를 시행한다는 소식을 늘었고, 남임 목사님의 적극적인 추천으로 노진섭 전도사님께 생체리듬 피부 마사지를 받았습니다. 그 후 계단을 오르내리기 힘들었던 다리에 힘이 생겼고 계속 좋아지는 것이었습니다. 참으로 놀랍다는 말만 나왔습니다. 그렇게 무릎이 좋아져서 기뻐했는데 그것도 잠시, 길을 가던 중 넘어지는 바람에 무릎과 얼굴 부위를 다쳤습니다. 무릎에 혹이 생겨 의사 선생님께 얘기했더니 원래 있는 뼈라고 했습니다. 정말 황당하더군요.

그래서 노진섭 전도사님께 보여드리고 상의했더니, 전도사님께서 걱정하지 말고 계속 괄사요법을 하라고 하셨습니다. 계속 긁었더니 놀랍게도 혹이 없어졌습니다. 또 한번은 자전거가 달려들어 왼팔과 부딪쳤는데, 부딪힌 자리에 지방질이 뭉치면서 많이 아팠습니다. 곧바로 생체리듬 피부 마사지를 했더니 통증이 사라지고 뭉친 근육도 풀렸습니다.

더 놀라운 것은 얼굴에 했더니 점이 없어지고 잔주름도 점점 줄어들면서 피부가 좋아졌다는 겁니다. 또 식중독으로 고생해서 머리카락이 많이 빠졌는데 생체리듬 피부 마사지 빗으로 계속 빗었더니 머리 전체에 골고루 새 머리카락이 나기 시작했습니다. 이럴 수가 있나요? 정말 신기하죠?

생체리듬 피부 마사지는 저를 위해 만들어진 것 같아요. 부지런히 생체리듬 피부 마사지를 배워서 생을 다하는 날까지 이웃을 섬기면서 살고 싶습니다. 마사지를 전수해주신 전도사님, 정말 감사합니다.

서울시 송파구 변○○ 목사 51세

저는 노진섭 전도사님을 통해서 생체리듬 피부 마사지를 배웠고 성도들에게 이를 직접 실시했습니다. 그랬더니 아주 놀라운 일들이 일어났습니다. 우선 저는 밤에 깊이 잠들지 못했는데 머리를 긁은 후 잠을 깊이 잘 수 있었고 오랫동안 허리가 아팠는데 나았습니다. 다음은 제가 치유한 환자들입니다.

- 첫 번째 환자 | 77세이신 우리 교회 권사님은 다리에 신경이 통하지 않아 10여 년간 병원 신세를 졌지만, 여전히 고통을 겪고 계셨습니다. 그런데 생체리듬 피부 마사지로 치유하는 가운데 다리가 부드러워지고 보행이 훨씬 수월해지셨습니다. 또 얼굴의 검버섯들이 많이 없어졌습니다.
- 두 번째 환자 | 70세의 성도님 한 분이 수년간 심장에 문제가 있어 코와 귀, 눈과 입으로 피를 쏟으셨는데 마사지 치유 후에 완쾌됐습니다.
- 세 번째 환자 | 많은 이들이 오십견으로 고생하고 있었는데 한 번의 마사지로 치유되는 것을 수시로 봤습니다.
- 네 번째 환자 | 평생을 비염으로 고생하시던 39세 여 집사님이 계셨는데, 목을 마사지 받은 후에 나았습니다.
- 다섯 번째 환자 | 45세 된 집사'님이 전신 괄사요법을 받으신 후에 5kg이 빠지고 만성피로가 나았습니다.

노진섭 전도사님의 생체리듬 피부 마사지 효과는 너무나도 확실하고 부작용이 없어서 마음 놓고 치유를 하고 있습니다. 노진섭 전도사님을 알게 해주신 하나님께 감사드립니다.

서울시 송파구 김○○ 집사

지난여름은 무던히도 날씨가 더웠죠. 어느 날, 제 동생이 등에 심한 땀띠가 나서 가려워 잠을 이룰 수 없다고 하소연하더군요. 그래서 제가 전도사님께 배운 생체리듬 피부 마사지를 해주겠다고 했더니, "그깟 것이 무슨 효과가 있느냐"라며 거들떠보지도 않는 겁니다. 밑져봐야 본전이라는 말도 있으니 한번 받아보라고 했지요.

저는 배운 대로 해줬습니다. 그랬더니 다음 날 아침에 일어나 땀띠가 가라앉아서 가렵지 않았고 밤에 잠도 잘 잤다고 말하는 겁니다. 또 저의 어머니께서는 오십견 때문에 무척 고생하셨는데 생체리듬 피부 마사지를 두 번 받고 나으셨습니다. 신기하게 팔을 움직여도 아프지 않다고 하십니다.

저도 처음에는 생체리듬 피부 마사지에 대해 무관심했는데 자세히 배워 가면서 이것이야말로 하나님이 우리에게 주신 축복의 자연 치유법이라고 생각하게 됐습니다. 레위기 17장 11절 하반부에 보면 "육체의 생명은 피에 있다"라는 구절이 나옵니다. 정말 피가 깨끗하고 혈액순환만 잘 돼도 웬만한 병은 안 걸릴 것입니다. 생체리듬 피부 마사지는 배우기 쉽고 간단하지만, 그 효과는 정말 대단합니다. 이 마사지는 피를 맑게 할 뿐만 아니라 피부를 좋아지게 합니다.

저는 얼굴에 기미와 주근깨가 많이 없어졌고 피부가 고와졌습니다. 먼저 본인이 철저하게 체험해보고 나서 확실한 것을 전하라는 전도사님 말씀에 지금도 열심히 배우면서 여러 가지 체험하고 있습니다. 또

예수님처럼 이웃을 섬기고 싶은 마음이 간절하기에 더욱 열심히 배우고 있습니다. 할렐루야! 생체리듬 피부 마사지를 알게 해주신 하나님께 감사드리며 영광을 돌립니다.

이 외에도 체험 후기 감사의 글이 수도 없이 많다. 어느덧 20년의 세월이 흘렀다. 전도사 시절 병자들을 섬기며 봉사하던 그때가 그립고, 감사하다. 목사안수를 받고 교회를 설립하면서 치유 사역을 중단한 것이 20년이나 지나버렸다.

20년 전에 내 잠재의식의 기억이 다시금 내게 엄청난 도전을 주고 있다. 다시 '생체리듬 피부 마사지'를 시작하라고 명령하는 것 같다. 지금도 전국에 있는 많은 제자가 목사님 "생체리듬 피부 마사지 더 배우고 싶어요! 다시 시작해주세요!" 이렇게 간절하게 요청하고 있다. 이제 때가 된 것 같다. '생체리듬 피부 마사지'가 한층 더 발전한 모습으로 제자들과 함께 지구촌에 선한 영향력을 전파해야겠다.

나는 많은 병자를 치유하고 관찰하면서 확실하게 알게 된 것은 긍정적인 의식, 긍정적인 마음, 긍정석인 믿음이 병을 고치고 기적과 행복을 가져온다는 사실을 알게 됐다.

기적과 행복 그리고 풍요를 가져다주는 긍정적인 의식, 긍정적인 마음, 긍정적인 믿음은 돈이 들지 않는다. 내 꿈과 소망을 이루려면 나의 현재의식을 바꿔야 한다. 우리가 마음속에 그리고 있는 꿈과 소망은 변화된 긍정적인 의식, 긍정적인 마음, 긍정적인 믿음을 통해 구체화하고 현실에서 열매를 맺는다.

고난과 역경이 닥쳐올 때는 더욱더 긍정적인 의식, 긍정적인 마음, 긍정적인 믿음으로 강해져야 한다. 그러면 고난과 역경은 오래가지 않고 사라진다. 풍요롭고 행복한 삶을 살고 싶다면 긍정적인 의식, 긍정적인 마음, 긍정적인 믿음으로 무장해야 한다. 나 자신을 믿고 의심하면 안 된다.

긍정적인 의식, 긍정적인 마음, 긍정적인 믿음으로 바꾸지 않으면 그냥 그렇게 사는 대로 사는 삶을 살게 된다. 훈련해서 습관처럼 행동하고 의식해야 한다. 사는 대로 사는 삶은 내가 주도적으로 사는 삶이 아니다. 내가 삶의 주인이 아니다.

긍정적인 의식, 긍정적인 마음, 긍정적인 믿음으로 사는 삶이 내가 삶의 주인으로 사는 것이다. 우리는 순간마다 내가 생각하는 주도적인 삶을 살아야 한다. 그리고 꿈과 소망이 이뤄지는 과정을 경험하면서 삶을 즐겨야 한다.

하나님은 우리가 기쁘고 행복하게 사는 것을 가장 좋아하신다. 이것은 교회를 다니지 않는 사람들도 똑같이 적용된다. 하나님은 모든 사람이 긍정적인 의식, 긍정적인 마음, 긍정적인 믿음으로 풍요롭고 행복한 삶을 누리기를 원하신다.

긍정적인 의식, 긍정적인 마음, 긍정적인 믿음이 하나가 될 때, 기적의 열매를 현실에서 맛볼 수 있다. 기적의 비밀은 자기 자신을 믿는 것에서 시작된다. 하나님은 우리에게 원하는 생각을 창조하는 능력을 우리에게 선물했다. 즉, 잠재의식은 내가 필요한 것은 창조해서 가지게 한다.

기적은 내 생각 속에 존재한다. 먼저 나를 사랑하고 나를 인정하고 칭찬해야 한다. 내가 귀중하고 고귀한 보배로운 사람이라는 자부심을 느껴야 한다. 이런 사람은 가정에 사회에 지구촌에 기적을 전파하는 보배로운 사람이 된다.

성경 말씀에 '진리를 알지니 진리가 너희를 자유롭게 하리라'는 말씀이 있다. 진리를 안다는 것은 긍정적인 의식, 긍정적인 마음, 긍정적인 믿음이 있어야 진리를 발견할 수 있다. 즉, 진리가 너희를 자유롭게 하리라는 말은 긍정적인 믿음이다.

부정적인 의식, 부정적인 마음, 부정적인 사람은 진리를 발견할 수도 없고 알 수도 없다. 그리고 자유의 반대는 구속이다. 구속은 부정 의식이다. 그렇다 부정적인 의식을 가진 사람은 자유로운 사람이 될 수가 없는 것이다. 자유로운 사람은 어디든지 다닐 수 있다. 부와 풍요를 가진 사람이다. 반대로 구속된 사람은 북한 동포와 같은 삶을 사는 것이다.

진리를 발견한 사람은 긍정적인 의식, 긍정적인 마음, 긍정적인 믿음을 더욱더 성장시킨다. 성장시킨다는 것은 부정적인 의식, 부정적인 마음, 부정적인 믿음을 소멸시키면 자동으로 긍정 의식이 성장하는 것이다.

진리를 사랑하는 사람은 진리를 전파하는 선한 영향력을 발휘한다. 우리는 항상 긍정적인 의식, 긍정적인 마음, 긍정적인 믿음으로 여유롭고 풍요로운 삶을 누리는 것을 당연한 것으로 생각해야 한다.

이로써 우리가 창조할 수 있는 긍정적 사고는 준비됐다. 긍정적인 의식, 긍정적인 마음, 긍정적인 믿음은 부족한 것을 모른다. 내가 필요한 것을 생각하고 창조해서 가지면 되는 것이다.

"자기의 시간을 다스리는 자는
생각하는 대로 사는 긍정적인 사람이다."

잠재의식을 잘 데려오는 방법 **203**

잠재의식으로
선한 영향력을 창조하자

우리는 긍정 의식과 부정 의식의 칼날 위에서 살고 있다. 콩 심은 데 콩 나고, 팥 심은 데 팥 난다. 심은 대로 거둔다. 마찬가지로 잠재의식은 심은 대로 무엇이든 다 받아들인다. 긍정 의식도 받아들이고 부정의식도 그대로 받아들인다. 그래서 우리는 신중하게 잠재의식과 소통해야 한다.

우리는 하루 동안 살면서 웃기도 하고, 울기도 하고 화내기도 하고 감동하기도 한다. 우리의 감정은 생각에 따라 환경에 따라 수시로 변한다. 때로는 감정조절을 잘 못 해서 사소한 일이 큰일이 돼 시간과 돈을 허비하기도 한다.

우리는 '나는 안돼, 못해, 할 수 없어', '너한테까지 기회가 오겠어? 꿈 깨라. 네가 잘되면 내 손에 장을 지진다'와 같은 부정적인 생각을 하기도 하고 듣기도 한다. 그리고 그 열매는 그대로 화가 돼 스트레스가 생긴다.

우리는 습관처럼 하는 부정적인 생각과 말들을 지워 버려야 한다. 어떻게 지워야 할 것인가? 방법은 내 잠재의식 안에 '소멸의 방'을 만들어서 그곳에다 버리고 소멸시키는 것이다. 즉, 내 잠재의식 안에 '소멸의 방'을 만들어서 그것을 인정하고 믿는 것이다. 그리고 그곳은 내 삶의 부정적인 생각과 습관들이 들어가면 그 능력을 잃고 소멸해 사라지는 공간으로 받아들이고 믿어야 한다. 의심하면 안 된다.

우리는 날마다 가정에서 직장에서 학교에서 사회에서 각각의 사유로 엄청난 스트레스를 받는다. 스트레스받는 원인을 지워버려야 한다. 예를 들면, 직장에서 상사로부터 야단을 맞거나 인격적으로 모욕당하고 상처받을 때, 상사로부터 들은 모든 말들을 즉시 '소멸의 방'으로 보내서 소멸시켜야 한다. 부정적인 모든 말들은 "소멸의 방'으로 들어가라!"하고 명령하는 것이다.

이렇게 하지 않으면 계속해서 상사를 욕하게 되고 생각으로 살인도 하게 된다. 그러한 생각을 하는 나도 그 사건을 재연하고 생각하면서 또 스트레스를 받는다. 부정적인 생각과 말, 습관은 가지고 있으면 안 된다.

우리는 긍정적이고 잘 웃는 사람을 만나면 따라서 웃게 되고 기분도 좋아진다. 반대로 부정적이고 화를 잘 내는 사람을 만나면 불편하고 감정도 상하고 빨리 헤어지고 싶다. 우리는 긍정적인 에너지를 가진 사람들을 많이 사귀어야 한다. 같이 있으면 기분 좋은 사람을 곁에 둬야 한다.

긍정적인 사람은 긍정적인 기억을 만들고 부정적인 사람은 부정적인 기억을 만든다. 부정적인 말을 들었을 때, 부정적인 생각이 날 때, 부정적인 습관이 발견될 때, 지체하지 말고 '소멸의 방'으로 보내서 소멸시키는 훈련을 계속해야 한다.

부정적인 생각과 습관이 줄어들수록 나의 삶은 풍요롭고 윤택한 행복한 생활을 할 수 있다. 긍정적인 의식은 긍정적인 열매를 맺고 부정적인 의식은 부정적인 열매를 맺는다. 내 잠재의식 안에 부정적인 의식과 생각이 점점 사라지면 우리 몸도 생체리듬에 따라 건강해진다.

우리는 선과 악, 선한 양심, 악한 양심, 긍정적인 생각, 부정적인 생각을 잘 선택해서 잠재의식에 전달해야 한다. 내가 혼자 있을 때, 어떤 행동을 하고 어떤 생각을 하는지 관찰하고 고칠 수 있는 사람은 이미 성공한 사람이다. 반대로 혼자 있을 때, 어떤 행동을 하고 어떤 생각을 하는지 관찰하지 않는 사람은 그냥 사는 대로 생각하는 사람이다. 이런 사람은 환경에 지배받고 사는 사람들이다.

긍정적인 사람은 생산적인 일들을 창조하고 만들어 낸다. 부정적인 사람은 부정적인 일들을 만들어 내고 화를 불러온다. 나의 현재의식이 하루 동안에 부정적인 생각과 말을 몇 번을 하는지 관찰하고 알고 있어야 한다. 알고 있어야 고칠 수 있다. 문제를 의식하고 알고 있으면 긍정적인 사람으로 변할 수 있다.

타고난 그릇(현재의식)대로 살아야 한다고 말하는 부정적인 사람이 있다. 잘못된 말이다. 우리의 그릇은 우리가 긍정적인 생각을 가지면, 그릇의 크기를 측정할 수 없을 만큼 커진다는 것을 알아야 한다.

타고난 그릇(현재의식)대로 살아야 한다면 '현대그룹 정주영 회장'은 시골에서 농사만 짓고 살아야 한다. 나는 정주영 회장의 명언 "해보기나 했어!"라는 말을 좋아한다. 해보지도 않고 생각으로 결론 내리는 사람은 부정적인 사람이다. 나의 그릇(현재의식)을 탓하고 지나간 삶을 후회 해서는 안 된다. 자신의 현재의식을 긍정적인 의식으로 바꿔 풍요롭고 의미 있는 삶으로 성장해야 한다.

부정적인 의식이 깊어지면, 전혀 아픈 데가 없는데도 스스로 환자라고 단정하고, 병원을 전전하는 '건강염려증환자'가 된다. 또 이런 환자 중에는 의사가 특별한 병이 없다는 진단을 내려도 믿지 않고, 이 병원 저 병원을 쫓아다니다 마침내 정신질환을 일으키는 일도 있다. 즉, 부정적인 생각이 실제로 신체적인 질병으로 나타난다는 것이다.

도스토옙스키가 쓴 단편소설에 이런 글이 있다. 제정 러시아 시대, 시청의 동서기가 실수로 시장의 장화를 밟았다. 그는 바로 사과했지만, 시장은 누군가와 심각한 토론 중이어서 그의 사과를 듣지 못했다.

집에 돌아온 그는 "시장이 나를 용서하지 않는 것이 아닐까? 그렇게 되면 나는 목이 달아나고 그럼 가족들은 어떻게 되나?" 하는 걱정 끝에 밤새도록 잠을 이루지 못했다. 다음날 시장을 찾아가 용서를 구했다. 그러나 시장은 그를 본 척도 하지 않고 다른 사람과 심각한 토론을 벌이고 있었다.

동서기는 생각했다. "아마 나를, 용서하지 않을 모양이구나" 다음날 그는 다시 시장을 찾아가 애원했다. "한 번만 용서해주십시오. 모르고 그랬습니다. 저는 처자식이 있는 몸입니다." 시장은 화가 났다. 전혀 알지도 못하는 사람이 매일 찾아와 알지도 못하는 소리를 늘어 놓는 게 아닌가? "이 녀석 너 미친놈 아니냐?" 하고 야단쳤다.

동서기는 절망적인 상태가 됐다. "시장은 끝까지 나를 용서하지 않는구나" 다음 날 아침 아내가 그를 깨우려고 흔들었을 때 그는 걱정과 절망으로 일어나지도 못했다는 내용이다. 지나친 근심과 걱정 그리고 부정적인 의식은 몸과 마음을 병들게 한다는 것을 명심해야 한다. 그리고 생기지도 않은 일을 미리 가져와서 걱정해서는 안 된다.

다음은 내가 만든 신비하고 놀라운! '다이돌핀 웃음 치유' 세미나 내용이다.

〰〰〰〰〰〰〰〰〰〰〰〰〰〰〰〰〰

'다이돌핀 웃음 치유'는 '웃음과 체조'와 '인체의 생체리듬을 조화'시켜서 만든 신 웃음 치유법입니다. 누구나 따라 할 수 있고 좋아하는 웃음 치유 요법입니다. 오늘도 스트레스와 만성피로, 히스테리, 어깨통증, 허리통증, 우울증, 건망증, 불면증, 두통, 초조 불안장애 등이 우리가 웃고 즐기면서 따라 하는 사이에 치유되는 사례는 수도 없이 현장에서 일어나고 있습니다.

다이돌핀 웃음 치유는 돈이 들지 않습니다. 부작용이 없으며 장소에 제한받지 않고 남녀노소 누구나 좋아하는 웃음 치유 프로그램입니다. 그뿐만 아니라 작업의 능률을 향상시키고 모든 질병을 예방하며 피부를 좋게 하며, 혈액순환을 돕고, 피를 맑게 하는 신비의 웃음 치유 요법입니다.

▶ 참가 자격 :

1. 극심한 스트레스에 시달리시는 분
2. 만성피로에 고생하시는 분
3. 건강 때문에 염려하시는 분
4. 우울증, 불면증, 건망증으로 고생하시는 분
5. 삶의 의욕이 없으신 분, 걱정 근심으로 고생하시는 분
6. 건강하고 행복한 삶을 원하시는 분은 누구든지 오세요.

'다이돌핀'을 아십니까?

최근의 의학이 발견한 호르몬중에 '다이돌핀'이라는 것이 있습니다.

여러분이 이미 엔도르핀이 암을 치료하고 통증을 해소하는 효과가 있다는 것은 잘 알고 계십니다. 그런데 놀랍게도 이 '다이돌핀'의 효과는 엔도르핀의 200배라는 사실이 발표됐습니다.

그럼 이 '다이돌핀'은 언제 우리 몸에서 만들어질까요?
사람이 바로 '감동할 때' 생겨납니다.
예배 시간에 은혜받을 때입니다.
자기에게 만족을 주는 좋은 노래를 들었을 때입니다.
그리고 낯선 곳에서 아름다운 경치에 푹 빠졌을 때입니다.
전혀 알지 못했던 새로운 진리를 깨달았을 때입니다.
엄청난 사랑에 빠졌을 때입니다.
바로 이때 우리 몸에서는 놀라운 변화가 서서히 일어납니다.

전혀 반응이 없던 호르몬 유전자가 활성화되면서 평소에 안 나오던 엔도르핀과 도파민과 세로토닌이라는 우리 몸에 아주 유익한 호르몬들을 만들기 시작하는 것입니다.
"특별히 박장대소하고 웃을 때, 우리 몸을 두드려주면 그 효과가 놀라울 정도입니다."

우리 몸 곳곳에 '다이돌핀'이 무수한 질병들을 물리치기 시작합니다. 모든 질병을 공격합니다. 그래서 치유가 일어나기 시작합니다. 각종 질

병을 물리치면서 많은 기적이 나타난답니다. (여러분 함께 웃어요! 으하하하
~~~~~)

　웃음은 성공과 건강 그리고 행복을 가져다줍니다.

　유명한 사람들과 성공한 사람들의 공통점은 표정이 밝거나 늘 웃는
인상을 소유하고 있습니다. 최근에는 각 기업을 대상으로 조사한 결과
로 유머와 웃음이 넘치는 직원들이 일을 잘하고 능률이 높으므로 이에
경영자들도 유머나 웃기는 직원들을 채용하는 사례를 높여 나가고 있
습니다. 또한 유럽에서는 면접할 때 면접관을 웃겨보라는 테스트를 많
이 하는 실정입니다.

　(여러분 함께 웃어요! 으하하하~~~~~~~)

　웃음은 원료 없이 공장을 돌리며, 의료비도 30% 절감할 수 있습니
다. 웃음은 돈이 안 드는 만병통치약입니다. 우리나라 평균 80세 어르
신의 삶을 되돌아보면 잠은 26년 자고, 일은 21년하고, 식사 6년하고,
기다리는 데 6년의 세월을 허비하고, 웃는 데 시간을 보낸 것은 겨우
10일이었습니다. (여러분 함께 웃어요! 으하하하~~~~~~~)

　최근 젊은 청년들의 정자 수가 30%가 감소하고 있습니다. 10명 중
4명은 비정상적인 정자입니다. 그뿐만 아니라 처녀들이 조기폐경을 한
다고 보도된 바 있습니다. 이것은 환경오염 등으로 면역체계의 이상이
생긴 때문입니다. 그러나 웃으면 면역력이 쑥쑥 올라갑니다.

(여러분 함께 웃어요! 으하하하〜〜〜〜〜)

의사들의 아버지 히포크라테스는 지구상의 최고의 의사와 치료법은 면역이라고 했습니다. 역설적으로 찰리 채플린은 80세에도 아기를 낳았습니다. 옛날 우리 왕들은 웃음 내시를 두었습니다. 놀라운 사실은 우리가 화낼 때 나오는 '날숨' 1시간을 농축했더니 노랗게 변했습니다. 또한 그 양을 가지고 80명을 죽일 수 있는 '독약'으로 변한다고 영국에서 밝혀졌습니다.

(여러분 함께 웃어요! 으하하하〜〜〜〜〜)

크게 1번 15초만 박장대소해도 최하 200만 원어치의 엔도르핀, 엔케팔린, 도파민 등이 나옵니다. 1일 15초만 크게 웃어도 2일을 더 삽니다. 웃음이 우리에게 주는 유익은 계산이 안 됩니다. (여러분 함께 웃어요! 으하하하〜〜〜〜〜)

박장대소와 요절복통으로 웃으면 650개 근육, 얼굴근육 80개, 206개 뼈가 움직이며 에어로빅을 5분 동안 하는 것과 같습니다. 웃으면 산소공급이 2배로 증가해 신체 등이 시원해집니다. 그리고 웃음이 기억력에 좋다는 임상 결과도 있습니다. 웃으면 자신감이 생기고, 생활에 활력이 솟구치고, 늘 긍정적인 상상을 지속할 수 있습니다. 우리는 웃고 있는 동안에는 10~20% 힘이 증가하고 생체나이가 6~7년 줄어들 뿐만 아니라 몸의 유연성이 10% 증가합니다.

(여러분 함께 웃어요! 으하하하〜〜〜〜〜)

혼자 웃을 때보다 여럿이 함께 웃으면 33배 효과가 있습니다. 잘 웃으면 8년을 더 살 수 있습니다. 그리고 '항상 감사하고 칭찬하고 긍정적 생각'을 하면 자그마치 6년을 회춘한다고 합니다.

(여러분 함께 웃어요! 으하하하∼∼∼∼∼∼)

여자가 남자보다 오래 사는 이유는 자주 웃기 때문입니다. 남자들이여 오늘부터 여성들보다 더 많이 웃자구요? 으하하하∼∼ 여러분 주위를 둘러보십시오. 얼굴이 굳어있거나 깊은 고민에 빠진 사람은 반드시 수명이 짧습니다. 잘 웃지 않는 사람이 심각한 중병에 잘 걸립니다.

(여러분 함께 웃어요! 으하하하∼∼∼∼∼∼)

아이들이 어른들에 비해 건강한 이유는 성인들은 1일에 15번 웃는데, 아이들은 400회를 웃기 때문입니다. 웃음은 스트레스를 진정시키고, 혈압을 낮추고, 혈액순환을 개선하고, 면역체계를 증진시키고, 소화기를 안정시킵니다. 그 이유는 웃을 때 통증을 진정시키는 호르몬이 분비되기 때문입니다. 억지로 웃는 웃음도 90%의 효과가 있습니다.

(여러분 함께 웃어요! 으하하하∼∼∼∼∼∼)

우리는 행복해서 웃는 것이 아니라 웃기 때문에 행복할 수 있습니다.

웃기 때문에 건강할 수 있습니다.

웃기 때문에 성공한 사람들입니다.

웃기 때문에 사람들이 몰려옵니다.

웃기 때문에 피가 맑아집니다.

웃기 때문에 피부가 좋아집니다.

웃기 때문에 자녀들이 건강하게 자랍니다.

웃기 때문에 우울증이 떠나갑니다.

웃기 때문에 건망증이 사라집니다.

웃기 때문에 치매에 걸리지 않습니다.

웃기 때문에 스트레스가 풀어집니다.

웃기 때문에 만성피로가 사라집니다.

웃기 때문에 면역력을 높여줍니다.

웃기 때문에 모든 질병이 떠나갑니다.

그냥 웃기만 해도 위와 같은 놀라운 일이 많이 생기지만 다이돌핀 웃음 치유는 여러분의 상상을 초월합니다. 가족 중에 한 사람만 잘 웃어도 그 가정은 화목한 가정이 됩니다. 이 모든 것이 무료입니다. 이제 여러분이 그 주인공이십니다. 대한민국이 행복한 그날까지 우리 다 함께 웃어요.

(여러분 함께 웃어요! 으하하하〜〜〜〜〜〜)

〜〜〜〜〜〜〜〜〜〜〜〜〜〜〜〜〜〜〜〜〜〜〜〜〜〜〜〜

그렇다. 이 내용은 잠재의식이 40세 때 전국에 '다이돌핀 웃음 치유' 강의와 세미나로 사람들을 즐겁고, 건강하고 행복하게 만들어주는 것을 기억하고 있는 장면이다. 40세 때 나는 하나님을 섬기는 목사로, 또 내가 개발한 '다이돌핀 웃음 치유' 강사로 영적으로, 육체적으로, 아픈 사람들을 위로하고 치유하며 행복하고 보람된 삶을 살았다.

이때 교육한 전국의 많은 제자가 병원, 양로원, 요양원 등에서 많은 사람에게 '다이돌핀 웃음 치유'로 위로와 희망을 주고 있다. 소외된 계층, 아픈 병자들, 그리고 웃을 기회조차 잃어버린 사람에게 웃음과 건강 그리고 행복을 전파하는 '선한 영향력'을 전파하는 훌륭하고 고마운 사람들이다.

실제로 삶이 힘들고, 몸도 병이 들어서 자살을 생각한 사람이 우연히 '다이돌핀 웃음 치유'에 참석해서 같이 웃다가 꿈과 희망을 발견하고 자살을 포기하고 다시 행복하게 사는 사람의 고백을 들을 때, 가장 행복하고 감동되고 기뻤다. 그뿐만 아니라 우울증, 조울증, 마음의 병, 각종 질병으로 고생하는 사람들이 치유되는 것을, 수도 없이 많이 보았다. 참으로 고맙고 보람되고 감사한 일이다.

내 잠재의식 안에 있는 이 행복한 기억이, 내게 또 "행복한 일을 만들어 봐야지" 하는 거 같다. 그래서 나는 많은 사람에게 '꿈과 희망 행복'을 전파하기 위해서 《잠재의식을 내 편으로 만드는 기술》을 쓰고 있는 거 같다. 내 잠재의식 안에 있는 '선한 영향력'의 기억이 열매를 만들고 씨앗을 만들어서 또다시 '선한 영향력'을 창조하는 거 같다.

"긍정적인 현재의식이 우선이고 그다음은 실천이다."

맺음말
파도와 파도가 만나는 곳

덴마크 스카겐에 '세계의 끝'이라 부르는 '그레넨'은 북해와 발트해, 두 바다가 만나는 곳이다. 좀 더 자세하게 설명하자면 윌란반도와 스칸디아반도 사이에 있는 스카게라크해협과 카테가트해협을 나누는 교차점이다. '그레넨'은 4킬로미터의 신비롭고 환상적인 백사장을 가지고 있다.

'그레넨'은 파도와 파도가 서로 손뼉 치듯이 만나는 경이롭고 신비한 곳이다. 여러분 상상해보라. 파도와 파도는 서로 만날 수가 없다. 그런데 서로 만난다는 것이다. 감동이 넘치는 환상적인 곳이다. 나는 파도와 파도가 부딪히는 소리와 환상적인 구름이 펼쳐진 '그레넨' 백사장 바다를 유유자적하며 거닐어 본다. 상상만으로도 힐링이 된다.

생각하고 상상하면 느낄 수 있고 창조할 수 있다. 신이 우리에게 부여한 능력이다. 잠재의식을 내 편으로 만들어서 풍요와 행복을 누리기만 하면 된다. 꿈은 '생각'과 '말' 그리고 '실천'으로 이뤄진다. 즉, 생각과 상상이 창조의 시작이라는 것을 명심해야 한다.

　지치고 힘들 때, 희망이 보이지 않을 때, 더 이상 한 걸음도 나아가기 힘들 때, 이 책은 여러분의 동반자가 돼서 힘과 능력을 줄 것이다. 다시 한번 핵심적인 내용을 되새김하면서 잠재의식의 능력을 행복하게 나눠보자.

　사람들 대부분은 '현재의식'으로 살아간다. '잠재의식'으로 살아가는 사람은 아주 적다. 그러나 '현재의식'을 만든 것은 '잠재의식'이다. '잠재의식'은 우주라고 할 수 있다. 우주, 즉 마음이다. 마음은 '원자'의 생명이다. 모든 '원자'는 더 많은 일을 하려고 끊임없이 노력한다. 다시 증거 하자면 '잠재의식'에는 창조의 힘이 있다. 창조된 목적을 이루고자 쉬지 않고 일하는 것이다.

　'잠재의식', 너 누구냐를 정리해보자. '잠재의식'은 나의 전 삶을 기억하고 있다. '잠재의식'은 선과 악을 구분하지 못한다. '잠재의식'의 기억은 변하지 않는다. '잠재의식'은 진실만을 보여준다. '잠재의식'의 친구는 '현재의식'이다. '잠재의식'은 우주, 즉 마음이다. '잠재의식'에는 창조의 힘이 있다. 하지만 이것으로 잠재의식을 다 설명할 수는 없다. 하지만 이것만 제대로 이해하고 마음으로 받아들이면, 우리는 행복하고 건강하게 성공한 삶을 살아갈 수 있다.

　원하는 것이든 원하지 않는 것이든 우리는 생각하는 그것을 얻게 된다. 생각은 오래 할수록 좋다. 하지만 실패와 가난, 불행을 떠올려선 안 된다. 한곳에 생각을 집중하는 것은 원하는 것을 가져오는 행위이기 때문이다.

삶이란 각자의 생각이 그대로 잠재의식에 반영돼 현실에 나타난 것이다. 창조 과정은 생각과 말, 행동으로 이뤄진다. 이때 내 생각이 창조의 시작이다. 그리고 창조 과정에는 온전한 믿음이 전제돼야 한다.

'네빌 고다드'와 같은 잠재의식의 대가들은 자기 생각을 통제하는 법을 알고 있다. 그러므로 수시로 자기 생각을 점검하고 통제해야 한다. 내가 창조한 생각을 상상하는, 긍정적인 의식을 훈련해야 한다. 그리고 결과에 대해 부정적인 생각들이 든다면 다시 생각해야 한다. 긍정적인 동기부여를 계속해서 내가 창조한 생각의 결과를 얻어 내야 한다.

잠재의식은 내가 필요한 것은, 꼭 기억해서 이뤄내고야 만다. 그래서 매일 규칙적으로 반복하고 이미지화해서 간절하게 믿으면 이뤄지는 것이다. 이때 잠재의식은 목표를 위해 필요한 사람들을 찾고 주위의 환경을 바꿔준다. 사람들이 말하는 행운과 기적이 계속해서 일어나는 것이다. 잠재의식의 능력을 경험하지 못한 사람들은 행운이 우연이라고 말한다. 하지만 이것은 지금도 존재하고 이뤄지는 자연의 법칙과도 같다.

만약 내가 돈이 없고, 학벌도 없고, 힘 있는 배경이 없다면 우리는 잠재의식을 연구하고 활용하는 방법을 이미 성공을 이룬 최고수에게 배워야 한다. 그리고 믿음에 따라 행동해야 한다. 그 이유는 그들은 이미 수많은 실패를 통해 성공했기 때문이다. 그들을 따라 하는 것이 실패를 줄이고, 시간을 버는 방법이기 때문이다. 곧 성공으로 가는 지름길이기 때문이다.

현재의식은 말한다. 혼자 하면 편하다고. 결과는 가난하게 살 뿐이다. 그렇지만 잠재의식은 말한다. 나와 함께하면 부자가 된다고. 여러분은 끊임없이 동기부여하고 생각을 교정해서, 가깝지만 먼 이웃사촌인 현재의식과 잠재의식을 조화롭게 협력하는 관계로 만들어 내가 원하는 성공의 열매를 만들어야 한다. 이것이 '잠재의식을 내 편으로 만드는 기술'이다.

잠재의식의 에너지는 감정이다. 내가 정말 미워하는 사람이 있다. '이 사람은 꼭 실패하고 망했으면 좋겠어' 하고 감정을 주입하면 상대에게는 큰 영향을 미치지 못하지만 나는 상대방 실패의 이미지를 떠올리게 돼서 정작 영향을 받는 사람은 상대보다도 내가 된다. 사람을 축복하는 일, 사람을 저주하는 일은 자기 자신에게 먼저 영향을 미치게 된다는 사실을 잊지 말아야 한다.

꿈과 목표를 이룬 결과에서 누리면서 출발하는 사람과 목표를 향해 달려가는 사람들, 선택은 여러분의 몫이다. '우리는 목표를 다 이뤘다. 꿈을 다 이뤘다'라고 생각을 하고 이 돈을 어떻게 사용할 것인지를 상상해야 한다. 돈을 쓰는 상상을 해야 한다. '집을 살 것이다', '땅을 살 것이다', '차를 살 것이다', '세계여행을 할 것이다', '부모님의 소원을 들어줄 것이다', '자녀들을 유학을 보내줄 것이다' 등 목표를 이룬 그것처럼 행동하라는 것이다. 부자들과 잠재의식의 대가들은 이렇게 생각하고 행동한다. 이것이 생각대로 사는 행복한 삶이다.

우리가 아는 모든 생각과 말 그리고 감정은 현재의식이다. 이것이 잠재의식에 영향을 미쳐서 내 삶에서 일어나는 모든 일의 원인과 결과물이 된다. 오늘 내가 만족스럽지 않다면 내게 하는 말과 생각에 변화가 필요하다. 나는 최고의 삶을 만드는 위대한 창조자다. 현재의식이 떠올리는 모든 생각과 내가 말하는 모든 단어는 나의 미래를 결정하는 창조적인 언어다.

잠재의식은 현재의식에게 웬만해서는 상상할 수 없는 방식으로 에너지를 보고 느끼고 전달한다. 현재의식과 잠재의식은 정교하게 의사소통한다. 각자는 매일매일 순간마다 주파수 신호를 전달하고 수신하며 소통한다. 마치 사랑하는 연인이 텔레파시가 통하는 것처럼 교감하기도 하는 것이다. 지금도 밤하늘에 반짝이는 별처럼 현재의식과 잠재의식은 서로 연결하는 에너지 주파수로 소통하고 있다.

현재의식과 잠재의식은 모든 삶과 우연한 생각 혹은 무작위적인 생각은 서로에게 어떤 식으로든 영향을 준다. 현재의식이 잠재의식에 받고, 내보내는 정보는 좀 더 세심하게 주의를 기울이는 연애를 배우면 현재의식은 나뿐만 아니라 내 주변에 있는 모든 사람에게도 영향력을 미치는 창조 능력을 나타내 보인다. 오감과 이성을 지닌 현재의식은 육체적이라고 한다면 잠재의식은 영적이라 할 수 있다. 이 둘이 깊은 사랑을 해야 한다. 현재의식의 일방적으로 양보하고 희생하는 사랑이지만, 그래도 우리는 알아야 한다. 잠재의식이 엄청 많은 정보를 계속해서 현재의식에게 주기 때문에, 깊은 의미로는 서로는 서로 사랑하고 있다.

잠재의식의 최대의 적은 부정적 사고, 부정적 감정, '할 수 없어', '안돼, 못해', '시간이 없어, 해봤자 안돼' 등의 쓸데없는 자존심이다. 이 적들을 긍정적으로 의식을 교정해서 바꿔야 하는 것이 현재의식이 해야 할 훈련이다. 끊임없는 훈련을 통해 이 적들을 많이 물리칠수록 내 계획과 목표를 시간 단축하고 성공한 삶을 풍성하게 누릴 수 있다.

우리는 어린아이처럼 단순하게, 순수하게 잠재의식에게 접근해야 한다. 그리고 목표를 세우고, 어린아이처럼 잠재의식을 귀찮게 해야 한다. 시간 관계없이 계속 귀찮게 해야 한다. 엄마는 귀찮다고 짜증 내지만, 잠재의식은 짜증 내지 않는다. 그리고 마침내 잠재의식은 내 목표를 밖으로 나타내서 이뤄주는 것이다.

잠재의식의 능력을 보고 싶다면 단순해야 한다. 순수해야 한다. 어린아이같이 의심이 없어야 한다. 생각이 단순하고 순수하고 어린아이같이 의심이 없다면, 잠재의식의 능력을 빠르게 경험할 수 있다. 다시 말하면 어린아이 같은 심성으로 잠재의식에게 고백하고 떼를 쓰는 것이 중요하다. 현재의식이 캠핑카 안돼, 아니야 난 갖고 싶어 하고, 어린아이처럼 떼써야 한다. 캠핑카를 소유할 때까지 어린아이 같은 심성으로 잠재의식에게 떼를 써야 한다.

금괴가 금고 안에 있다. 금괴가 금고 안에 있다고 믿고 열어보는 사람은 금괴를 갖게 된다. 반대로 금괴는 없을 거야, 하고 열어보는 시도조차 하지 않는 사람은 믿는 그대로 금괴를 가질 수가 없다. 지금 긍정적으로 현재의식을 교정하지 않으면 미래는 바뀌지 않는다. 즉, 생각이 변하면 나도 변하고 미래도 변한다. 잠재의식 안에는 금은보화와 무자본 창업 사업가가 헤아릴 수없이 많다. 밖으로 끄집어내서 사용하기만 하면 된다. 마치 물탱크 안에 있는 물이 수도꼭지만 틀면 나오는 것과 같다. 그리고 수도꼭지만 틀면 물이 나온다는 믿음만 있으면 된다.

돈을 벌려면 종잣돈, 즉 자본금이 있어야 한다. 자본금이 있어야 사업을 하든, 주식투자를 하든, 부동산 투자를 할 수 있다. 잠재의식도 자본금이 필요하다. 첫째 자본금이 긍정적인 말이다. 둘째 자본금이 어린아이 같은 순수하고 의심 없는 믿음이다.

목표는 크게 가지고 마음의 무게는 가볍게 해야 한다, 마음이 무거우면 목표도 무거워지게 된다. 목표를 정했으면 긍정적인 말을 사용해야 한다. 부정적인 말과 생각은 마이너스 통장과도 같다. 목표 달성의 도움이 안 된다. 목표를 향해 달려갈 때 반드시 고난이 온다. 부정적인 의식은 어떻게 '10억'을 모을 건데, 말이 되는 소리를 해라, 송충이는 솔잎을 먹고 살아야 한다. 주제 파악을 해라하고 부정적인 생각을 불어넣는다. 이때 부정적인 생각을 모두 잠재의식의 '소멸의 방'으로 던져버려야 한다. '소멸의 방'은 잠재의식 안에 모든 '부정적인 것'을 소멸하는 공간이다. 여러분도 나처럼 생각하고 '소멸의 방'을 만들기 바란다.

우리가 목표를 세우고도 중간에 쉽게 포기하는 이유가 부정적인 생각과 말 때문이다. 하루에도 몇 번씩 부정적인 생각이 탄생한다. 그냥 내버려 두면 안 된다. 즉시로 '소멸의 방'으로 넣어버려야 한다. 이 의식훈련을 견고하게 해야 한다. 이 의식훈련이 잘돼있으면, 목표를 달성하는 지름길이 돼서 시간 단축을 할 수 있다. 이 의식훈련이 성장할수록 잠재의식과 소통이 잘 된다.

버킷리스트를 이루고 싶다면 먼저 행복한 사람이 돼야 한다. 저금통이 가득 차야 한다. 저금통은 행복이다. 다시 말하자면 잠재의식은 저금통이고 행복이다. 내가 곧 잠재의식이다. 즉, 잠재의식에 저축한 돈을 도장 찍고 찾아서 쓰는 것이다. 우리 마음에는 잠재의식이라는 거대한 슈퍼은행이 있다. 성공하는 인생을 살고 싶다면 거대한 슈퍼은행의 금고를 열어야 한다. 금고의 열쇠는 나의 버킷리스트다.

긍정적인 의식을 가지지 못하면 부를 저축할 수가 없다. 긍정적인 의식은 '하면 된다, 할 수 있다, 마침내 하고 말 거야'라는 생산적인 말이기 때문에, 열매를 맺을 수 있다. 부정적인 의식은 '안돼, 못해, 할 수 없어, 해봐야 안 될 거야'라는 말처럼 안되니까 열매를 맺을 수가 없다. 따라서 긍정적인 의식은 잠재의식에게 부를 저축하는 것이다.

삼성 이건희 회장의 어록 가운데 명언, 중에 명언이 있다. "자신의 영혼을 위해 투자하라 투명한 영혼은 천년 앞을 내다본다." 나는 이글을 보면서 감동과 충격을 동시에 느꼈다. 나는 이 말을 이렇게 해석해 보았다. "잠재의식에 투자하라 천년의 풍요와 행복을 누릴 수 있다."

잠재의식은 내가 좋아하는 것을 좋아한다. 그리고 잠재의식은 내가 싫어하는 것도 좋아한다. 우리는 잠재의식을 바꿀 수는 없지만, 내가 원하는 것은 잠재의식에게 주문을 할 수 있다는 것을 분명히 기억해야 한다.

잠재의식에게 잠이 들기 전에 하루 동안 있었던 부정적인 일들을 잠재의식 안에 있는 '소멸의의 방'에 방해가 되는 모든 기억과 감정을 버려야 한다. 나는 잠재의식 안에 나만의 '소멸의 방'을 만들어 모든 부정을 소멸시킨다. 어떤 일을 새롭게 하는 것도 중요하지만, 내게 방해되는 부정적인 생각과 일들을 없애야 한다. 그래서 나만의 '소멸의 방'이 필요하다. 오늘 하루 동안 있었던 부정적인 일과 감정을 '소멸의 방'에 버리고 잊어버린다.

잠재의식은 내가 생각하고 목표를 세우고 진심으로 실천하면 잠재의식은 그 목표를 이루는데 필요한 환경과 여건을 만들어준다. 그래서 버킷리스트를 작성하는 일은 중요하다. 스쳐 지나가는 목표를 세우는 것이 아니라, 내가 무엇을 해야 하는지 목표 의식이 분명해야 한다. 화살은 하나인데 과녁이 다섯 개가 돼서는 안 된다. 화살이 하나면 목표도 하나여야 된다. 하나의 목표가 완성되면, 다음 목표는 더 가까이 다가오는 것이다.

현재 상황이 불리해도 자책하지 말고 큰 비전과 꿈을 가져야 한다. 큰 비전과 꿈의 결과는 천천히 오기도 하고, 빨리 실현되기도 한다. 상황이 어떻게 전개되더라도 내 꿈이 나를 리드해 나가도록 확실하게 완료형으로 잠재의식에게 고백해야 한다. 현재 나의 삶이 어렵고 힘들더라도, 나의 버킷리스트는 현재 진행형이라고 믿고, 당당하게 삶을 즐겨야 한다. 나를 믿고 잠재의식의 능력을 믿어야 한다.

오늘 하루 동안 나는 부정적인 생각과 말을 얼마나 했는지 정확하게 생각해야 한다. 그리고 잠재의식 안에 있는 '소멸의 방'으로 보내야 한다. 그리고 잊어야 한다. 또한 내 주위에 부정적인 말을 하는 사람, 할 수 없어, 안돼, 못해, 라는 말을 자주 하는 사람과는 절교해야 한다. 이런 사람들과 함께하면 나의 긍정적인 에너지가 약해진다.

우리는 부정적인 습관이 있다면, 발견할 때마다 소멸의 방으로 보내야 한다. 나 또한 이러한 부정적인 생각이나 습관을 '소멸의 방'으로 보낸다고 없어질까 하는 의심이 많았다. 그래도 한번 해보자 하고 실천했다. 그런데 놀라운 일들이 생겨나기 시작했다. 부정적인 생각과 습관들이 줄어들기 시작했다. 나는 지금도 부정적인 생각이나 습관들이 나타날 때 즉시 '소멸의 방'으로 보내 버린다. '소멸의 방'은 내가 잠재의식 안에 만들어 놓은 방이다. 즉, 부정적인 생각과 부정적인 습관을 소멸시키는 방이다. 부정적인 생각과 습관이 점점 줄어들면 의식이 개혁되고 의식이 성장한다.

연세가 많으신 분들과 대화를 해보면, 그분들은 한결같이 "내가 그때 그 일을 해야 했는데", "여행을 많이 다녀야 했는데", "더 많이 사랑해야 했는데" 이렇듯 모든 말이 더 해보지 못한 후회로 바뀐다. 젊을 때 긍정적으로 해야 했었는데 긍정적인 삶을 살지 못한 것에 후회가 된다는 것이다.

생각과 상상에 생명력을 주는 것이 잠재의식이다. 부를 갖고 싶다면, 오직 부만 생각해야 한다. 뿌린 대로 거둔다. 사과나무를 심으면 사과가 열린다. 사과나무에 배가 열리지는 않는다. 갖고 싶은 것을 정확하게 잠재의식에게 심어야 한다.

좋은 아이디어가 생각났을 때, 잠재의식에게 인정시키고, 즉시 실천하면서 내 생각을 내가 주도해야 한다. 나는 아이디어가 생각났을 때, 주저하지 않고 오토바이 면허증을 '취득했다고' 생각하고 행동에 옮겨서 실천했다. 잠재의식은 믿고 실천하는 사람을 좋아한다. 그리고 내 편이 돼 주고 부자로 만들어준다.

우리는 마음이 통하고 대화가 잘되는 사람과 있으면 행복하다. 계속 함께 있고 싶다. 그리고 자기가 가지고 있는 소중한 것도 주저함이 없이 함께 나눈다. 조건 없이 주고 싶다. 이런 사람과 함께 있으면 피곤하지 않다. 여기에다 이 사람이 잘 웃는 사람이라면 최고의 파트너다. 업무도 향상된다. 나의 에너지를 힘차게 해준다. 이런 사람이 나의 남편이나 아내라면 인생 최고의 선물이다.

잘 느끼고 소통을 잘하려면 관심과 노력, 그리고 희생이 필요하다. '텔레파시'는 관심이다. 상대에 대해 관심을 가지고 상대가 무엇을 좋아하는지, 싫어하는지, 취미가 무엇인지, 어떤 음식을 좋아하는지를 깊이 알고 있으면, 상대와 자주 소통하고, '텔레파시'가 통하는 횟수가 많아진다. 우리가 '성공과 풍요'를 누리기 위해서는 잠재의식을 잘 느끼고 '텔레파시'가 잘 통해야 한다.

성공한 부자들은 잠재의식을 만나는 일을 체계적으로 아주 잘한다. 옛 속담에 '일은 한 냥이고 생각은 닷 냥'이라는 속담이 있다. 육체적으로 일하는 것보다, 생각으로 일하는 것이 더 효과가 크다는 말이다. 잠재의식을 만나는 것이 이보다 효과가 더 크다는 것을, 부자들은 잘 알고 잠재의식을 자주 만나는 것이다.

꿈을 꾸는 자는 은을 얻는 것보다 낫고 그 이익은 금보다 낫다. 생각을 하는 것은, 꿈을 꾸는 것이다. 꿈의 오른손에는 장수가 있고 왼손에는 부귀영화가 있다. 꿈을 꾸는 사람은, 목표를 세우고 버킷리스트를 설계하고 계획하는 사람이다. 그리고 꿈을 꾸는 자는 '성공과 풍요'

를 기업으로 받는다.

잠재의식을 느낀다는 것은, 내 삶의 생각과 상상력의 꿈의 재료를 잠재의식에 저축하는 것이다. 소통한다는 것은, 내가 저축한 재료를 잠재의식이 요리하는 것이다. 텔레파시가 통한다는 것은, 잠재의식이 만든 요리를 내가 맛있게 먹는 것이다.

세상의 법칙은 생각보다 단순하다. 인생은 생각보다 어렵지 않다. 믿음을 가지고 실천하면 이뤄질 것이고, 실천하지 않으면 이뤄지지 않는다. 우리의 모든 꿈은 생각하고 상상하는 대로 이뤄진다.

잠재의식은 내 꿈과 상상력을 기다리고 있다. 나는 행복하게 내 꿈과 상상력을 잠재의식에게 저축하기만 하면 된다. 성공과 풍요는 우리 주변에 수도 없이 많다. 우리는 금고의 문을 여는 행동만 하면 된다. 잠재의식은 성공과 풍요 그리고 행복을 원하는 여러분의 꿈과 상상력을 초대하고 기다리고 있다.

"당신의 능력을 과소평가하지 말라.
당신은 위대한 사람이다.
지구촌은 당신의 위대한 능력을
기다리고 있다."

잠재의식을 내 편으로 만드는 기술

제1판 1쇄 2023년 2월 7일

지은이   노진섭
펴낸이   최경선   **펴낸곳**   매경출판(주)
기획제작 ㈜두드림미디어
책임편집 이수미   **디자인**   얼앤똘비악earl_tolbiac@naver.com
마케팅   김성현, 한동우

매경출판㈜
등록 2003년 4월 24일(No. 2-3759)
주소 (04557) 서울시 중구 충무로 2(필동1가) 매일경제 별관 2층 매경출판㈜
홈페이지 www.mkbook.co.kr
전화 02)333-3577
이메일 dodreamedia@naver.com(원고 투고 및 출판 관련 문의)
인쇄·제본 ㈜M-print 031)8071-0961
ISBN 979-11-6484-522-4(03190)